HERNANDES DIAS LOPES

DESTINADOS PARA A GLÓRIA

Consolo e ânimo para o seu dia a dia

© 2012 por Hernandes Dias Lopes

1ª edição: junho de 2012
4ª reimpressão: novembro de 2022

REVISÃO
Doris Körber
Noemi Lucília Lopes

DIAGRAMAÇÃO
Sandra Oliveira

CAPA
Marco Antonio Bernardes

EDITOR
Aldo Menezes

COORDENADOR DE PRODUÇÃO
Mauro Terrengui

IMPRESSÃO E ACABAMENTO
Imprensa da Fé

As opiniões, as interpretações e os conceitos emitidos nesta obra são de responsabilidade do autor e não refletem necessariamente o ponto de vista da Hagnos.

Todos os direitos desta edição reservados à
EDITORA HAGNOS LTDA.
Rua Geraldo Flausino Gomes, 42, conj. 41
CEP 04575-060 — São Paulo, SP
Tel.: (11) 5990-3308

E-mail: hagnos@hagnos.com.br
Home page: www.hagnos.com.br

Editora associada à

Dados Internacionais de Catalogação na Publicação (CIP)
(Câmara Brasileira do Livro, SP, Brasil)

Lopes, Hernandes Dias

    Destinados para a glória — Hernandes Dias Lopes. — São Paulo: Hagnos, 2012.

    ISBN 978-85-63563-41-5

1. Bíblia . NT. Romanos - Crítica e interpretação I. Título

12-03994   CDD 227.106

Índices para catálogo sistemático:

    1. Romanos : Epístolas de Paulo : Interpretação e crítica   227.106

Dedicatória

Dedico este livro ao presbítero Durval Conti, homem santo, sábio, humilde e bom. Esse varão valoroso tem sido exemplo dos fiéis, encorajador dos santos, vaso de honra, amigo fiel e bálsamo de Deus em minha vida.

Sumário

Apresentação 7

Prefácio do autor 9

Introdução 11

1. A assistência do Espírito em nossa fraqueza 15

2. A intercessão do Espírito em nosso favor 28

3. A sábia intervenção de Deus em nossa história 40

4. O propósito de Deus de conduzir-nos ao céu 63

Conclusão 84

Apresentação

Quando concentramos nosso olhar simplesmente no mundo em que vivemos, podemos desanimar com facilidade. Observamos tanto as coisas ao redor que esquecemos nosso destino. Afinal, a trilha da vida é repleta de sombras, vales e dificuldades. Perigos e decepções nos cercam a cada passo, e dificuldades espreitam o nosso caminhar. Precisamos de uma âncora firme, de um direcionamento seguro, de conforto ao nosso coração e de alegria na vida cristã. O Rev. Hernandes escreve o seu livro exatamente para lembrar que o nosso curso é supervisionado pelo Senhor da glória. Temos um alvo e um objetivo traçado por Deus, e o destino que nos espera é construído em seu amor e cuidado onipotente.

Em um trecho do livro, o autor captura um dos aspectos-chave do ensinamento do apóstolo Paulo, e registra que ele

> ... está nos ensinando a transformar os nossos vales em mananciais, as nossas noites escuras em prelúdios de manhãs radiosas, as nossas dores em cenário de consolo e a própria enfermidade que surra o nosso corpo num instrumento de quebrantamento e proximidade de Deus.

Destinados para a glória é uma cuidadosa exposição de Romanos 8:26-30, por alguém que não somente é reconhecido como grande expressão contemporânea na pregação da Palavra de Deus, mas cujos livros vêm servindo de bênção e instrução espiritual a muitos. Pastor da Primeira Igreja Presbiteriana de Vitória e ativo integrante da Agência Presbiteriana de Evangelização e

Destinados para a glória

Comunicação da Igreja Presbiteriana do Brasil, o Rev. Hernandes Dias Lopes também faz parte do programa de televisão *Verdade e Vida* (Rede TV), no qual apresenta o bálsamo das boas novas a uma sociedade cada vez mais carente de rumo e de princípios.

Neste livro, não temos uma coletânea de conceitos místicos ou frases de efeito que procuram emular a autoajuda existente em livros que se servem do desespero das pessoas, em vez de servir às pessoas em desespero. O autor nos traz remédio eficaz exatamente porque o extrai e se ampara na Escritura como a fonte objetiva de conhecimento espiritual. Suas palavras, que não são frias, mas embaladas no calor do Espírito que inspirou o texto sagrado, miram o coração e o entendimento dos leitores, para que dependam mais de Deus e sigam conscientemente sob sua proteção. Em uma era em que tantos escritores se utilizam do linguajar evangélico, mas diminuem a pessoa de Deus pela exaltação da autonomia humana, *Destinados para a glória* aparece como um oásis de lucidez cristã no deserto da insensatez teológica. Hernandes nos mostra que não é negando quem Deus é e quem ele revela ser, mas exatamente no reconhecer de sua majestade e soberania que encontramos o nosso conforto e a nossa redenção.

Leia este livro e envolva-se com a forma prática e suave com que os conceitos bíblicos são aplicados. Concentrando sua visão em Deus, como nos insta o autor, você será levado a apreciar este ensino crucial da carta aos Romanos e recuperará as forças exauridas pelo desânimo e ausência de propósito que porventura estejam rondando a sua vida.

Solano Portela

Prefácio do autor

A mensagem deste livro não é apenas informativa. Meu propósito não é apenas lançar luz em sua mente, mas atear fogo em seu coração. Ao mesmo tempo, minha oração é que este singelo texto seja como uma torrente viva do céu a inundar a sua vida com consolação, alegria e uma profunda convicção do propósito salvador de Deus, nesses dias turbulentos pelos quais passamos, quando somos bombardeados com tantas notícias trágicas e com tantas mensagens contraditórias.

Não podemos alimentar a nossa alma com a palha da filosofia humana. Nosso coração não encontra descanso nas mirabolantes promessas engendradas no laboratório das religiões. Nosso consolo vem de Deus. Só o bálsamo celestial pode refrigerar a nossa alma. Só do céu pode jorrar para nós autêntica consolação. Toda consolação que não vem vazada pela verdade de Deus é falsa. A verdade – e só a verdade – elastece a visão, aprofunda a experiência e gera verdadeira transformação.

Romanos 8:26-30 é o ponto culminante do maior tratado teológico escrito por Paulo. Se a carta de Paulo aos Romanos é a cadeia do Himalaia de todos os escritos do veterano apóstolo, Romanos 8 é o pico do Everest, o seu ponto culminante. O exame desse texto pode trazer benefícios benditos para a sua vida. Em espírito de oração, mergulhe nas profundezas dessa riqueza divina. Beba a largos sorvos dessa fonte inesgotável. Sacie a sua alma nessas torrentes que jorram em catadupas. Alimente-se desse banquete de finas iguarias. Ao entrar pelos portais desse texto do apóstolo Paulo, você descortinará as mais excelsas revelações do eterno propósito de Deus. Todas

Destinados para a glória

as palavras do nosso vernáculo não seriam suficientes para descrever o grande amor de Deus e seu inescrutável, eterno e indefectível plano redentor. Concordo com o que disse o poeta:

> Ainda que todos os mares fossem tinta e todas as nuvens fossem papel; ainda que todas as árvores fossem pena e todos os homens escritores, nem mesmo assim se poderia descrever o sublime amor de Deus.

Ao levantar a ponta do véu desse glorioso texto, você verá com diáfana clareza como o Deus trino — Pai, Filho e Espírito Santo — desde a eternidade tem trabalhado de forma eficaz para a nossa redenção.

Este livro é uma exposição teológica, devocional e prática do texto supracitado. Estou certo de que a leitura dele fará tão bem a você quanto fez a mim ao escrevê-lo. Meu ardente desejo é que Deus enriqueça a sua vida, firme a sua fé, sustente os seus passos, torne firme os seus olhos em Jesus, o autor e consumador da fé, e o conduza até a glória.

Em Cristo temos uma rica e linda herança. Os tesouros deste mundo são trapos de nenhum valor comparados com as riquezas celestiais. A caminhada cristã, embora marcada pelo sofrimento, terminará na glória. Não avançamos para o ocaso, mas para o alvorecer. Nosso destino não é a derrota, mas a vitória triunfal. Agora, cruzamos vales escuros, pisamos estradas juncadas de espinhos, enfrentamos pobreza, dor, perseguição, fraqueza e a própria morte, mas então os portais do céu se abrirão para nós, entraremos na glória e reinaremos para sempre com o Senhor.

Introdução

Isso é um fato! Nem todos os que sonham vencer na vida vencem. Nem todos os que buscam a vitória a alcançam.

No jogo da vida, muitos começam bem e terminam mal. Alguns começam ganhando de goleada e depois sofrem uma fragorosa derrota. Podemos ilustrar essa realidade insofismável com a saga esportiva brasileira. Em 1950, o Brasil hospedou pela primeira e única vez uma Copa Mundial de Futebol. A imprensa mundial apontava o Brasil como o mais forte candidato a sagrar-se campeão naquele certame esportivo. Para não frustrar as expectativas, o Brasil abriu o campeonato goleando o México por 4 a 0. Um otimismo indestrutível galvanizou-se na alma dos brasileiros. O país inteiro vibrava pelo estupendo sucesso da seleção brasileira. Na segunda partida, o Brasil empatou com a Suíça em 2 a 2. Em seguida, ganhou da Iugoslávia por 2 a 0. O otimismo inabalável agigantou-se na alma de todos os brasileiros. O país festejava antecipadamente o que parecia ser o inescapável grito de campeão.

Na segunda fase, o Brasil tornou-se um gigante. Parecia uma máquina imbatível. No jogo seguinte, a seleção canarinho goleou a Suécia por 7 a 1. Por todo o território nacional o entusiasmo crescia. As multidões saíam às ruas, cantando com orgulho o hino nacional. O estandarte brasileiro tremulava nas praças.

No penúltimo jogo, o Brasil enfrentou a Espanha. Era uma partida difícil. Mas, com determinação e bravura, a seleção brasileira, motivada pela fiel torcida, entrou em campo e goleou a esquadra espanhola por 6 a 1.

Destinados para a glória

Chegara o grande e apoteótico dia. O Brasil estava na final. Todos os brasileiros estavam emocionados; afinal de contas, a brava seleção havia correspondido às expectativas do país. Então, no dia 16 de julho de 1950, o Brasil entrou em campo, dependendo apenas de um empate contra o Uruguai para sagrar-se campeão do mundo.

Aquela Copa, que reunira treze seleções, estava prometendo o primeiro título à invicta e imbatível seleção brasileira. O Maracanã, maior estádio do mundo, estava com sua lotação máxima: 199 mil pessoas. O Brasil tinha sido o grande fenômeno da Copa, goleando seus principais adversários. Sob os aplausos ruidosos de uma torcida apaixonada, o Brasil começou o jogo contra o Uruguai, e fez 1 a 0 no primeiro tempo. O país inteiro drapejava suas bandeiras. A vitória parecia estar garantida.

No segundo tempo, quase que os jogadores entraram em campo com a faixa de campeão no peito. O jogo recomeçou e logo o Uruguai empatou o jogo. Mas a taça ainda era do Brasil. Antes do apito final, entretanto, o Uruguai virou o jogo, ganhou a partida e o campeonato mundial, no maior estádio do mundo, diante da maior torcida do mundo.[1] Naquele dia fatídico e inesquecível, o Maracanã cobriu-se de silêncio e o povo, de lágrimas. O Brasil que começara tão bem capitulava na última hora. Um silêncio sepulcral invadiu a nação. Era o gosto amargo da derrota. Era a perda final com a esperança da vitória mantida até o fim. Essa é uma das páginas mais

---

[1] DUARTE, Marcelo. *O guia dos curiosos*. São Paulo: Schwarcz, 1996, p. 168.

Introdução

tristes da história do esporte brasileiro. Aquela foi uma derrota inesquecível, irrecuperável e irreversível.

Este, contudo, não é o destino dos filhos de Deus. Não temos apenas expectativa de vitória, mas garantia da vitória. Somos mais do que vencedores em Cristo Jesus. Não entramos em campo apenas para vencer; entramos como vencedores. Seguimos as pegadas daquele que é campeão invicto em todas as batalhas. Nosso Deus jamais perdeu uma batalha. Não fomos chamados para contar os inimigos, nem para temê-los. Deus não nos escolheu para sermos derrotados. O fracasso não é nossa herança. Nosso lema é vencer ou vencer. Pertencemos a um time vitorioso. Marchamos, não rumo ao fracasso, mas à vitória retumbante e final.

O apóstolo Paulo, em Romanos 8:30, diz: *E os que predestinou, a eles também chamou; e os que chamou, a eles também justificou; e os que justificou, a eles também glorificou*. Embora a glorificação seja um fato futuro e escatológico que se dará na segunda vinda de Cristo, na mente de Deus e nos decretos de Deus é um fato consumado. Ainda que o caminho seja estreito e juncado de espinhos pontiagudos; ainda que o inimigo esbraveje contra nós; ainda que o inferno inteiro se levante, nada nem ninguém pode nos arrancar dos braços de Jesus, nem nos afastar da glória celestial.

No jogo da vida, o homem criado à imagem e semelhança de Deus e para a glória de Deus sofreu uma profunda e desesperadora derrota no Éden. Adão pecou e com ele caiu toda a raça humana. O Diabo, com a sua astúcia, induziu o homem a pecar contra Deus. Um grande abismo passou a separar o homem de Deus. O pecado arruinou o homem e o separou de Deus, de si, do próximo e da própria natureza. Apesar de o homem estar sofrendo uma goleada no certame da vida, Deus entrou em campo para virar o placar do jogo e dar a ele uma consagradora vitória.

Sobre o frontispício do templo humano podíamos ler esta inscrição: "Aqui Deus habita".[2] O pecado, porém, fez com que o homem imergisse em um caudal de trevas. A glória desapareceu. As lâmpadas do templo apagaram-se. O altar ficou em ruínas. O candelabro de ouro ficou abandonado. O doce incenso foi trocado por fétido odor. A casa de oração tornou-se covil de salteadores. "Icabode" — era o que se lia agora em suas ruínas. No entanto, Deus não desistiu do homem. Ele desceu para salvá-lo. O próprio Deus desceu até nós na pessoa do seu Filho. Cristo morreu por nós. Agora o Espírito de Deus habita em nós. Hoje somos um templo restaurado. Somos habitação do Deus vivo. Aquele a quem nem os céus dos céus podem conter — o Deus Pai, o Deus Filho e o Deus Espírito Santo — habita plenamente no santuário do nosso corpo. As ruínas ficaram para trás; agora o nosso destino é o céu, é a glória. Vamos examinar esse magno assunto à luz de Romanos 8:26-30. Essa bendita esperança está edificada sobre fundamentos inabaláveis. Vamos, portanto, estudá-la ao longo deste livro.

---

[2] BURROWS, W. *Commentary on Romans*, Baker Books, p. 279.

Capítulo 1

A assistência do Espírito em nossa fraqueza

A base da nossa certeza e segurança não está em nós, mas em Deus. A vitória que proclamamos não é resultado do nosso esforço, mas da graça de Deus. Se fôssemos entregues a nós mesmos, sucumbiríamos por causa da nossa extrema fragilidade. O homem veio do pó e é pó. Ele não pode manter-se de pé confiado na própria força.

Eis como o apóstolo aborda o assunto: *Do mesmo modo, o Espírito nos socorre na fraqueza, pois não sabemos como devemos orar,* [...](Romanos 8:26). Há aqui três verdades dignas de serem destacadas:

Nós temos fraquezas

Nós somos fracos. A vitória não é resultado da nossa força. A Nova Era está equivocada quando diz que a força vem de dentro. Os livros de autoajuda estão sempre nos desafiando a fazer cócegas no gigante que está dormindo dentro de nós.

Destinados para a glória

As religiões místicas ensinam que há uma espécie de divindade dentro de nós que precisa ser conhecida. A eterna Palavra de Deus, entretanto, nos ensina que não somos fortes. A força não vem de dentro, mas do alto, de cima, de Deus.

Somos limitados, contingentes e incapazes de viver vitoriosamente com os nossos recursos. Não podemos nos manter de pé estribados no bordão da autoconfiança. Temos muitas fraquezas. Temos fraquezas físicas, emocionais, morais, existenciais e espirituais. Somos constantemente atropelados por essas fraquezas. Tropeçamos nas próprias pernas. Somos esmagados pelo rolo compressor dessas fraquezas que nos assaltam e nos humilham debaixo de suas botas.

Quantas vezes já prometemos para nós mesmos que iríamos vencer determinados hábitos, desvencilharmo-nos de determinados pecados e rompermos com determinadas práticas, para logo depois sermos flagrados na prática dessas mesmas coisas? Quantas vezes já desesperamos da própria vida, achando que jamais conseguiríamos conviver com as nossas mazelas? Quantas pessoas que, asfixiadas pelas crises, não conseguem enxergar no túnel do tempo uma luz de esperança e se atiram no abismo do suicídio, porque não conseguiram superar suas fraquezas?

Fato digno de nota é que a nossa maior fraqueza consiste na confiança infundada em nossa pretensa força. Diz o apóstolo Paulo que quando somos fortes é que somos fracos. A nossa ruína está no fato de confiarmos em nossa força. Não há perigo mais avassalador do que viver estribado na própria força. Aqueles que confiam em seus recursos são os que naufragam, pois a soberba precede a ruína. A altivez é a antessala da queda.

A assistência do Espírito em nossa fraqueza

Na verdade, somos fracos. Temos fraquezas morais profundas. Muitas vezes, combatemos nos outros aquilo que praticamos. Censuramos nos outros aquilo que agasalhamos no coração.

Também a nossa fraqueza espiritual é notória. Sempre que tentamos ostentar uma fachada de piedade, estamos na verdade escondendo a nossa mediocridade. Quando blasonamos palavras carregadas de religiosidade, muitas vezes estamos trajando a capa do farisaísmo. Aos olhos de Deus, a nossa pretensa força é fraqueza consumada e a nossa justiça própria, como trapos de imundícia.

A teologia que ensina que o homem tem a força, que o homem é um ser divino em miniatura, que o poder para uma vida bem-aventurada dimana de dentro do próprio homem é uma falácia. Todo homem tem os pés de barro. Todos nós temos o nosso calcanhar de aquiles. Todos nós temos fraquezas.

A lenda grega[3] dizia que Tétis segurou seu filho Aquiles pelo calcanhar para mergulhá-lo num rio do Egito cujas águas o tornariam invencível. Tétis queria contrariar um oráculo que dizia que seu filho morreria na guerra de Troia. Muitos anos depois, numa batalha, ele foi morto com uma flecha cravada no calcanhar, exatamente o ponto que não fora imerso no rio. Essa lenda retrata a verdade de que todos somos vulneráveis. Não há nenhum ser humano poderoso, autossuficiente, capaz de triunfar sobre o mal estribado na própria força ou virtude.

---

[3] *Nova enciclopédia Barsa*, vol. 1, p. 467.

Destinados para a glória

Deus conhece a nossa estrutura e sabe que somos pó. Todos nós temos as nossas ambiguidades. Temos uma natureza corrompida, um coração enganoso, um sentimento cheio de contradições, um pendor para o mal. O pecado guerreia contra nós. Há uma guerra civil instalada no nosso peito. Há um constante conflito no campo de batalha do nosso coração. Há uma esquizofrenia existencial enfiada nos meandros da nossa alma que nos arrasta para direções opostas. Muitas vezes, temos o desejo de fazer o bem, mas não temos o poder para efetuá-lo. Outras vezes, repudiamos o mal, mas acabamos capitulando diante dele. Fazemos o que detestamos e deixamos de fazer aquilo que aprovamos. Somos seres ambíguos e contraditórios. Nossos desejos secretos denunciam a gravidade da nossa doença moral. Nossos pensamentos íntimos revelam o quanto o pecado nos atingiu.

Se a nossa alma pudesse ser dissecada, veríamos nela as marcas profundas do pecado. Muitas vezes, nossas palavras são carregadas de veneno mortífero. Nossas atitudes são, frequentemente, reprováveis. Estamos cobertos de chagas da cabeça aos pés. Aos olhos de Deus, a nossa justiça é como trapos de imundícia. Somos débeis e há em nós uma infinidade de enfermidades existenciais que ameaçam nos derrubar. De fato, temos de admitir a nossa falência. Temos de assumir a nossa fraqueza. Tentar negar esse fato incontroverso é revelar um estágio ainda mais avançado da nossa fraqueza moral. Buscar subterfúgios para esconder atrás das máscaras essa realidade inglória é simplesmente evidenciar ainda mais a hediondez dessa doença e o terrível estrago que o pecado produziu dentro de nós. Somos fracos. Não podemos permanecer de pé escorados no bordão da autoconfiança. Esse bordão está podre e nós estamos fracos e doentes.

O Espírito Santo nos assiste em nossa fraqueza

Fato glorioso e digno de destaque é que Deus não nos abandonou nem virou o rosto para nós por causa das nossas fraquezas. Ele não desistiu de nós por causa do nosso fracasso. Não nos esmagou nem nos esbofeteou ao nos apanhar na contramão da sua vontade. Não nos rejeitou nem nos condenou ao nos ver caídos. Não nos deixou entregues à própria sorte. Não sentiu nojo de nossa imundícia. Não escondeu o seu rosto santo de nós por causa da nossa feiura existencial. Não nos desamparou, não esmagou a cana quebrada nem apagou a torcida que fumega.

O apóstolo Paulo nos diz que o Espírito nos assiste em nossa fraqueza. Ele se solidariza conosco. Nosso Deus é sensível e amoroso. Ele sofre conosco. Ele se encurva para descer até nós. Carrega por nós o nosso fardo. Quando nos sentimos cansados, ele nos toma no colo. Ele nos apruma quando nos sentimos fracos. Ele nos consola quando a tristeza nos encurrala. Ele alivia o nosso fardo quando o peso da vida está nos achatando.

Segundo o reformador João Calvino, a palavra que Paulo emprega para *assistir* significa mais que um auxílio. O sentido é que o Espírito toma sobre si a nossa carga, não somente para nos ajudar e socorrer, mas, sobretudo, para nos aliviar, carregando todo o peso por nós.[4] Na verdade, se o Espírito de Deus não nos ajudasse, seríamos esmagados pelas pressões da vida e estiolados pela própria fraqueza.

Nossas fraquezas são resultado do nosso pecado, da nossa rebeldia e desobediência. Elas certamente ferem o coração de Deus. Mas a misericórdia de Deus é tão tremenda que ele puniu o nosso pecado em seu Filho, na cruz, poupando-nos do castigo que as nossas transgressões merecem. Em vez de nos condenar, Deus nos absolve. Em vez de lançar sobre nós a nossa culpa, Deus nos justifica. Em vez de nos deixar entregues à própria sorte, Deus nos assiste em nossa fraqueza.

O Espírito Santo, que habita em nós, toma o nosso fardo e o carrega por nós. A nossa fraqueza nos levaria ao desfalecimento e ao desespero, não fosse a assistência do Espírito. Ele nos dá força para prosseguir na jornada. Ele nos faz levantar os olhos e seguir adiante rumo à glória. Há momentos na vida em que se ajuntam sobre a nossa cabeça nuvens escuras e somos encurralados por tempestades devastadoras: é a enfermidade que entra em nossa casa sem pedir licença; é a dor do luto que nos oprime; é o casamento ferido pelo divórcio; é a crise financeira que se abate sobre a família num tempo de recessão; é o desemprego que nos empurra para a vala comum da desesperança. Essas enxurradas nos arrastam com violência e passam sobre nós, deixando-nos feridos, quebrados, enfraquecidos.

Outras vezes, sentimo-nos encurralados pela própria desventura. Somos apanhados pelas cordas do nosso pecado.

---

[4] CALVINO, Juan. *Epístola a los Romanos*, TELL, p. 216.

A assistência do Espírito em nossa fraqueza

Somos entregues aos verdugos e aos flageladores da alma. Nossa consciência carregada de culpa entra em desespero. Nossa estabilidade emocional entra em colapso. A depressão assoladora tira o brilho dos nossos olhos e os sonhos do nosso coração. Muitos até mesmo desesperam da própria vida e tentam fugir dela, flertando com a morte, buscando o suicídio.

Não são poucos aqueles que chegam ao fundo do poço sem ter sequer uma corda em que se agarrar. São pessoas desassistidas de esperança, que veem o mundo desmoronar sobre a sua cabeça. Nessas horas, quando todos os amigos fogem, quando todas as forças acabam, quando todos os recursos entram em colapso, Deus aparece e estende sua mão onipotente; tira-nos do poço de perdição, arranca-nos do tremedal de lama, firma-nos os pés sobre uma rocha e estabiliza nossos passos.

James Hastings diz que aquele que pode confessar "eu creio no Espírito Santo" encontrou um amigo divino. Para ele, o Espírito Santo não é uma influência, uma energia, ou alguém distante, mas um consolador presente, a quem Cristo enviou para estar sempre conosco, um guia sempre presente, pronto para nos conduzir a toda a verdade, um advogado sempre pronto a colocar nossa causa junto ao trono do Pai.[5] Que bendita esperança, termos o Espírito Santo, Deus onipotente, para nos assistir em nossas fraquezas! Aquele que embelezou os céus e a terra e espalha vida em todo o universo pelo seu poder criador é o mesmo que nos fortalece em nossas fraquezas.

---

[5] HASTINGS, James. *The Great Texts of the Bible*, vol. 14. Grand Rapids, Michigan: Eerdmans, p. 72.

Não sabemos orar como convém

A nossa fraqueza decorre do fato de não sabermos orar convenientemente.[6] Somos fracos porque não conseguimos manter completa e ininterrupta comunhão com o Deus onipotente. Nossos maiores problemas não são nossas fraquezas, mas nosso distanciamento daquele que é onipotente.

É fato notório que é pela oração que revelamos nossa total dependência de Deus. É quando comparecemos diante de Deus que temos a consciência da nossa profunda fraqueza, bem como da onipotência divina. Ao contemplar a glória de Deus, Isaías exclamou: "Ai de mim!" E Pedro, ao ser confrontado com o poder excelso de Jesus, clamou: "Senhor, afasta-te de mim, porque eu sou pecador:".[7] Quando o publicano começou a orar, ele não ousou erguer os olhos ao céu, mas gritou: "Ó Deus, sê propício a mim, pecador:".

Por outro lado, a oração é a respiração da alma cristã. Quem não tem intimidade com Deus não pode ser forte. A força não está dentro do homem. Ela vem de cima, do trono de Deus. Quando você deixa de orar, você enfraquece. A oração é o oxigênio e o tônico da alma. A oração é o combustível que alimenta nosso vigor espiritual. Sem oração não há poder. A falta de oração nos priva da força que dimana das alturas. Quando oramos, nosso coração encontra refúgio sob as asas do Deus

---

[6] Sobre este assunto, examine STOTT, John. A *mensagem de Romanos 5-8*, ABU, p. 91.

[7] Para melhor compreensão deste assunto, veja LEENHARDT, F. J. *Epístola aos Romanos*, ASTE, p. 227.

onipotente. Quando oramos, abrimos um canal de contato com aquele que está assentado no trono do universo. É pela oração que toda a suprema grandeza do poder de Deus se coloca à nossa disposição. É pela oração que mantemos o fogo aceso no altar de incenso da nossa vida. "O incenso não cheira nem sobe sem fogo; isso também acontece com a oração, quando não sobe impelida pelo calor e fervor."[8]

Orar é invadir o impossível, é viver no reino dos milagres, é estar aliado ao Todo-poderoso. Um santo de joelhos vê mais longe do que um filósofo na ponta dos pés. Um santo de joelhos tem mais força do que um exército. Maria Stuart, rainha da Escócia, temia mais as orações de John Knox do que todos os exércitos da Inglaterra. Quando os exércitos da Síria cercaram a cidade de Samaria para prender o profeta Eliseu, ele orou e a estratégia dos soldados sírios foi desmantelada.

O Diabo treme ao ver um santo de joelhos. A oração move os céus e abala o inferno. A oração promove profundas transformações na terra. O apóstolo Paulo, porém, diz que a nossa fraqueza consiste no fato de não sabermos orar como convém.

> A fraqueza da oração não está em seu laconismo; está é na pobreza de sua substância. Não é bastante orar, é preciso orar como convém."[9]

---

[8] DUEWEL, Wesley L. Candeia, p. 78.
[9] LEENHARDT, F. J. *Epístola aos Romanos*, ASTE, p. 227

Destinados para a glória

A fraqueza na oração resulta da fraqueza espiritual. Andrew Murray chamou a oração de "índice da medida da obra do Espírito em nós:".[10]

E não sabemos orar de forma certa por duas razões:

Em primeiro lugar, *porque não conhecemos o futuro*. Somos limitados pelo tempo. Não enxergamos com clareza o que está à nossa frente. Somos precipitados. Não temos paciência para esperar o tempo de Deus. Muitas vezes queremos pressionar Deus a agir pela urgência da nossa agenda. Outras vezes, queremos que a nossa vontade seja feita no céu, mais do que a vontade de Deus seja feita na terra.

O profeta Elias pediu para si a morte. Estava deprimido, enfiado em uma caverna. Mas Deus não atendeu ao seu pedido, porque nos planos de Deus a morte não haveria de alcançá-lo. É como se Deus dissesse para Elias: "Você quer morrer, Elias? Ah, você não sabe o que pede. Você não vai experimentar a morte. Eu vou levar você para o céu sem que você passe pelo vale sombrio da morte".

José do Egito estava preso, injustamente. Ele pediu ao copeiro-mor do Faraó para lembrar-se dele. José, porém, permaneceu por mais dois anos naquela prisão imunda. Onde estava Deus? Por que Deus permitiu que um homem inocente padecesse de forma tão degradante? Sabe por que Deus não tirou José da prisão no tempo que ele queria sair? É porque nesse tempo Deus estava construindo a rampa do palácio, para que José saísse da cadeia para ser o governador do

---
[10] Em D<small>UEWEL</small>, Wesley L. Candeia, p. 112

A assistência do Espírito em nossa fraqueza

Egito. Quando pensamos que Deus está longe, silencioso ou indiferente ao nosso clamor, ele está trabalhando no turno da noite, em nosso favor, preparando algo melhor e maior para nós. Os planos de Deus são maiores do que os nossos.

Ana, mulher de Elcana, queria muito ter um filho, mas era estéril. Deus mesmo havia cerrado a sua madre. Ana chorou, orou e muito se abateu porque o seu sonho não estava sendo realizado. Seu sonho era apenas ter um filho, mas o propósito de Deus era que ela fosse mãe do maior profeta, do maior sacerdote e do maior juiz de Israel, daquele que haveria de trazer de volta a nação apóstata para a presença de Deus. Quando Deus parece demorar, na verdade ele está preparando algo maior para nós. Deus vê o futuro no seu eterno agora. Ele sabe o que é melhor para nós; devemos descansar na sua providência amorosa.

Em segundo lugar, *porque não sabemos o que é melhor para nós*. Às vezes pedimos a Deus algo nocivo. Somos desprovidos de discernimento. Pedimos uma pedra pensando que estamos pedindo um pão, pedimos uma cobra pensando que estamos pedindo um peixe, pedimos aquilo que vai nos destruir pensando que estamos pedindo aquilo que vai nos dar vida. Deus é tão misericordioso conosco que não responde positivamente a todas as nossas orações. Muitas vezes, Deus nos poupa deixando de atender às nossas orações. Muitas vezes pedimos mal e por isso ouvimos um *não* sonoro e rotundo às nossas súplicas. Muitas pessoas interpretam erradamente a promessa de Jesus, quando disse: "*Pedi e dar-se-vos-á, pois todo o que pede, recebe*". Jesus não está dizendo que todo o que pede recebe o que pede. Ele está dizendo que todo o que pede, recebe. Muitas vezes recebe o contrário do que pede. Se Deus nos desse tudo quanto pedimos a ele, estaríamos perdidos. Graças a Deus ele não atende às nossas orações da maneira com que nós as endereçamos ao céu. Nós não sabemos orar como convém. Nossa espiritualidade pode estar desfocada. Nossas aspirações podem estar enfermas. Nossas orações podem ter motivações erradas. Nisso consiste nossa profunda fraqueza.

Durval Ângelo e Ana Maria narram a seguinte história: Após um naufrágio, o único sobrevivente agradeceu a Deus por estar vivo e ter conseguido se agarrar a parte dos destroços para poder ficar boiando. Este único sobrevivente foi parar em uma pequena ilha desabitada, fora de qualquer rota de navegação. Novamente ele agradeceu a Deus. Com muita dificuldade e restos dos destroços, ele conseguiu montar um pequeno abrigo para que pudesse se proteger do sol, da chuva, de animais e também para guardar seus poucos pertences, e, como sempre, agradeceu a providência divina. Nos dias seguintes, cada alimento que conseguia caçar ou colher era motivo de sua gratidão a Deus. No entanto, certo dia, quando voltava da busca por alimentos, encontrou o seu abrigo em chamas, envolto em altas nuvens de fumaça. Terrivelmente desesperado, ele se revoltou e gritava chorando:

— O pior aconteceu! Perdi tudo! Deus, por que fizeste isso comigo?

Chorou tanto que adormeceu, profundamente cansado. No dia seguinte, bem cedo, foi despertado pelo som de um navio que se aproximava.

A assistência do Espírito em nossa fraqueza

— Viemos resgatá-lo, disseram.
— Como souberam que eu estava aqui? – perguntou ele.
— Vimos o seu sinal de fumaça!

É comum nos sentirmos desencorajados, até mesmo desesperados, quando as coisas vão mal. Mas Deus age em nosso benefício, mesmo nos momentos de dor e sofrimento. Lembre-se: se algum dia o seu único abrigo estiver em chamas, esse pode ser o sinal de fumaça que fará chegar até você a graça divina.[11]

---

[11] ÂNGELO, Durval; GONÇALVES, Ana Maria. *Palavras encantadas*. Belo Horizonte, MG: O lutador, 2002, p. 45.

Capítulo 2

A intercessão do Espírito em nosso favor

O apóstolo Paulo prossegue dizendo: [...] *mas o próprio Espírito intercede por nós com gemidos que não se expressam com palavras* (Romanos 8:26). Os gregos diziam que Deus não pode sofrer, pois o sofrimento é sinal de fraqueza. Contudo, Deus é todo-poderoso, majestoso, infinito, imenso, eterno, imutável, autoexistente e autossuficiente, sem deixar de se importar conosco. Deus sofre por nós. Ele se compadece de nós. Ele sente contorções profundas no seu íntimo, por amor a nós.

O registro aqui é comovente. Paulo está falando do ministério de intercessão do Espírito Santo em nós. C. H. Dodd diz que "a oração é o divino em nós, apelando ao divino sobre nós".[12] Precisamos compreender que cada pessoa da Santíssima Trindade tem um lugar singular e distinto na oração. Por Cristo, temos acesso ao Pai pelo Espírito Santo. A oração é

---

[12] BARCLAY, William. *Romanos*, vol. 8. Editorial la Aurora, p. 126.

dirigida ao Pai por meio do Filho, pelo Espírito Santo. Temos dois intercessores na Trindade: o Espírito Santo e Jesus. O Espírito intercede em nós e Jesus intercede por nós. Jesus é o intercessor no céu e o Espírito é o intercessor na terra. Jesus intercede por nós à destra do Pai; o Espírito intercede por nós, dentro de nós. Jesus é o nosso intercessor forense e legal; o Espírito é o nosso intercessor existencial. Cada crente é um santuário preparado para a habitação de Deus. Habitando nesse santuário, o Espírito Santo não somente é o intercessor existencial, mas é, também, a imediata fonte de toda santidade para o crente.

James Hastings, citando Abraham Kuiper, faz distinção entre a intercessão do Espírito Santo e a intercessão de Cristo. Este intercede por nós no céu, e o Espírito Santo, na terra. Cristo, o nosso cabeça, estando no céu, intercede por nós, fora de nós; o Espírito Santo, nosso consolador, intercede por nós, em nosso coração, o templo da sua habitação. Cristo intercede por nós para que desfrutemos os frutos da sua redenção. O Espírito Santo intercede por nós para nos assistir em nossas aflições e levar nossas profundas necessidades diante do trono de Deus.[13]

A compaixão de Deus por nós é retratada aqui de quatro formas distintas:

---

[13] HASTINGS, James. *The Great Texts of the Bible*, p. 76.

O Espírito Santo intercede por nós intensamente

Diante da nossa fraqueza, em vez de Deus nos abandonar, nos esquecer e nos condenar, ele intercede por nós. O Espírito sonda o nosso coração não para nos escorraçar, mas para nos assistir. Semelhantemente, Jesus, em vez de lançar o seu libelo condenatório sobre os seus algozes que o pregaram na cruz, intercedeu por eles. Não apenas intercedeu por eles, mas atenuou-lhes a culpa, dizendo: "Pai, perdoa-lhes, porque eles não sabem o que fazem".

Diante das nossas fraquezas, o Espírito Santo, além de carregar o nosso fardo, ainda intercede por nós. Ele se coloca na brecha em nosso favor. Ele toma em suas mãos a nossa causa. Ele nos defende, como nosso divino *paráclito*. Ele nos consola na hora da nossa grande tribulação, nos enche de esperança na hora da nossa angústia e nos reveste de força na hora da nossa fraqueza. O Deus que está em nós, ora por nós ao Deus que está sobre nós. Esse é um sublime mistério: ver o próprio Deus envolvido na oração, contemplar o Espírito Santo comprometido com o ministério da intercessão em nosso favor.

A verdadeira oração é formada em nós pelo Espírito de Deus. A verdadeira oração é inspirada pelo Espírito Santo. Por isso, Paulo diz que devemos orar no Espírito.

O apóstolo Paulo diz que o Espírito intercede por nós *sobremaneira*. Isso descreve o aspecto intenso dessa intercessão. Assim como o Pai nos amou de *tal maneira*, que nos deu seu Filho unigênito, de igual forma, o Espírito intercede por nós *sobremaneira*. Ainda que usássemos todas as palavras do nosso vernáculo, não poderíamos descrever com precisão a intensidade com que o Espírito Santo intercede pelos santos.

O Espírito Santo intercede por nós em agonia

Paulo diz que o Espírito Santo intercede por nós com gemidos inexprimíveis. Paulo fala que a natureza está gemendo (Romanos 8:22), os filhos de Deus estão gemendo (Romanos 8:23), e o Espírito Santo está gemendo (Romanos 8:26). A natureza, a humanidade e a divindade estão gemendo.

Em primeiro lugar, a natureza geme e se contorce de dores aguardando a volta de Jesus, quando será redimida do seu cativeiro. O pecado teve consequências cósmicas e ecológicas profundas. A terra foi ferida pelo pecado, passando a produzir espinhos, cardos e abrolhos. Nela houve uma desarticulação da ordem natural. Warren Wiersbe diz que quando Deus terminou a criação, ela era uma boa criação (Gênesis 1:31), mas hoje ela é uma criação em agonia.[14] Há sofrimento e morte presentes na criação. O apóstolo Paulo diz que a criação agora está enfrentando sofrimento (Romanos 8:18), vaidade (Romanos 8:20), cativeiro (Romanos 8:21), corrupção (Romanos 8:21), gemido e angústia (Romanos 8:22).

Além disso, o homem corrompido pelo pecado tem se relacionado com a natureza de forma errada e extrema: depredando-a ou venerando-a. Estamos assistindo a uma explosão do misticismo na entrada no novo milênio. A

---

[14] WIERSBE, Warren. *The Bible Exposition Commentary*, vol. 1. Colorado Springs, Colorado: Chariot Victor Publishing, 1989, p. 540.

Destinados para a glória

Nova Era apregoa, sem subterfúgios, a adoração à *Mãe Terra*. Semelhantemente, assistimos à depredação da natureza, num flagrante desrespeito à mordomia da criação. Nossas florestas estão sendo criminosamente devastadas. Nossos rios estão se tornando escoadouros de esgotos pútridos. Nosso ecossistema está sendo destruído. A fauna e a flora estão agonizando. A natureza está gemendo.

Em segundo lugar, a igreja de Deus está gemendo, aguardando ansiosamente a volta de Cristo. A razão de nosso gemido é já termos experimentado as primícias do Espírito, o antegozo da glória que está por vir. Isso nos faz desejar ver o Senhor, receber um novo corpo e viver com ele e servi-lo para sempre.[15] Já recebemos o dom da vida eterna, já fomos selados pelo Espírito, já recebemos o anel de noivado, o penhor do Espírito. Aguardamos, agora, com exultante expectativa, a chegada do Noivo. Nossa pátria não é aqui. Nosso lar permanente não está aqui. Nosso tesouro não é daqui. Aqui somos peregrinos. Caminhamos para a glória, para tomarmos posse daquela herança incorruptível, que nenhum olho viu, mas que Jesus nos dará naquele glorioso dia da sua vinda. Enquanto vivemos neste tabernáculo terrestre gememos, aguardando ser revestidos da nossa habitação celestial, sabendo que o melhor ainda está à nossa frente.

Em terceiro lugar, o Espírito Santo está gemendo. Os gemidos do Espírito têm a ver com o seu ministério de intercessão. John Stott disse que "a inspiração do Espírito Santo é

---
[15] Ibid., p. 540.

A intercessão do Espírito em nosso favor

tão necessária como a mediação do Filho, se queremos obter acesso ao Pai na oração".[16] Jamais poderemos pronunciar com sabedoria uma só palavra se o Espírito Santo não nos ensinar. O Espírito Santo é Deus coigual, coeterno e consubstancial com o Pai e com o Filho. Aqui estamos vendo o Deus eterno gemendo.

O gemido é uma expressão de dor. É a comunicação não verbalizada do sofrimento. O gemido extravasa quando não podemos mais falar. É a expressão pungente e indizível da dor. É o sofrimento tão profundo que não pode ser articulado. É assim que Deus, o Espírito, intercede por nós. Nenhum teólogo jamais conseguiu alcançar as profundezas dessa verdade sublime. Aquele que conhece todas as línguas, todos os idiomas, todos os dialetos, de todos os povos, em todos os tempos, não encontra sequer um idioma para expressar a intensidade da sua oração, por isso ele geme. Como é o gemido de Deus? O que faz Deus gemer? O que provoca tanta dor e tanta compaixão no coração de Deus? O gemido do Espírito é algo que vai além do nosso entendimento. Todavia, a intercessão do Espírito não se processa à parte de nosso entendimento, mas em nosso entendimento e por meio de nosso entendimento. Como disse Agostinho: "Não em si mesmo nem consigo mesmo, mas em nós ele geme, pois ele nos faz gemer".[17]

---

[16] STOTT, John. A mensagem de Romanos 5-8, p. 91.
[17] ERDMAN, Charles R. Comentários de Romanos. Guarapari, ES: Casa Editora Presbiteriana, p. 99.

Destinados para a glória

Os gemidos inexprimíveis do Espírito revelam a sua profunda identificação conosco. Ele é o divino Consolador que veio para ficar para sempre com aqueles que crerem em Jesus. Ele não nos condena, como fizeram os amigos de Jó. Realmente, ele se importa com os nossos problemas, com as nossas aflições. Ele sabe cuidar de nós em nossos traumas e decepções. Ele conhece a melhor terapia para a nossa alma e a cura para o nosso espírito ferido. Ele sabe curar as nossas memórias amargas. O Espírito Santo age com grande ternura.

Os gemidos inexprimíveis do Espírito também demonstram o seu profundo compromisso de nos restaurar. Ele não tem apenas sentimentos profundos de compaixão por nós, mas efetivamente age em nosso favor, buscando a nossa restauração, fortalecendo-nos em nossa fraqueza. Quando o profeta Ezequiel teve a visão do vale de ossos secos, o Senhor lhe fez uma pergunta: "*Filho do homem, poderão reviver estes ossos?*". Aqueles ossos secos eram toda a casa de Israel. Humanamente falando, era impossível que aquela nação oprimida, sob o tacão cruel de terrível escravidão, fosse restaurada. Mas o profeta respondeu: "*Senhor Deus, tu o sabes*". Quando Deus quer, até um vale de ossos levanta-se como um jardim engrinaldado de vida. Quando o Espírito veio sobre aquele vale de ossos secos, eles receberam vida e se levantaram como um numeroso exército. Quando Deus age, até uma vara seca floresce. Quando o Espírito vem sobre a igreja, ela se ergue das cinzas e experimenta um poderoso avivamento. O Espírito Santo é a fonte da vida e da restauração. Ele nos toma quando estamos prostrados e nos põe de pé.

A intercessão do Espírito em nosso favor

O quadro que Paulo está pintando é um dos mais belos e comoventes. Deus não apenas existe; ele nos destinou para a glória e, nessa caminhada rumo aos páramos celestiais, ele nos carrega no colo, nos assiste em nossa fraqueza e intercede por nós com gemidos inexprimíveis. Portanto,

> não devemos nos sentir envergonhados das nossas orações sem palavras. Deus Pai compreende os rogos suspirados, que não se podem expressar, já que ele examina o nosso coração e lê os nossos pensamentos.[18]

Talvez sua vida tenha sido carimbada pela decepção amarga com as pessoas que estão à sua volta. As pessoas estão perto de você quando está tudo bem. Enquanto sua amizade é útil para elas, sua casa está cheia de amigos; mas quando a adversidade chega, quando o dinheiro acaba, quando a doença aparece, todos fogem. Não é assim, entretanto, com Deus. Ele jamais deixará você caído à beira do caminho. Ele jamais o desamparará. Ele ama você com amor eterno, ele vela pela sua vida com profunda ternura, ele o toma nos seus braços onipotentes na hora da sua fraqueza.

O filho pródigo estava cercado de amigos enquanto tinha dinheiro para gastar nas farras. Entrementes, quando a fome chegou ao país, quando o dinheiro acabou, os amigos da taberna fugiram e ele ficou só. Todos o esqueceram. Ele ficou abandonado à sua triste sorte, curtindo a dor cruel de uma

---

[18] STOTT, John. *A mensagem de Romanos 5-8*, ABU, p. 92.

solidão avassaladora. Na pocilga foi parar. No fundo do poço, caiu em si, lembrou-se de seu pai e, arrependido, voltou para casa disposto a ser apenas um servo, um jornaleiro de seu pai. Mas, qual não foi sua surpresa quando seu pai o avistou de longe e, correndo, o abraçou e o beijou, restaurando-lhe a dignidade de filho e celebrou a sua volta com alegre banquete. Quando bate em nosso peito um coração arrependido, os nossos andrajos e trapos sujos não afastam Deus de nós. O Senhor não nos rejeita por causa das nossas fraquezas, mas nos assiste e ora por nós com profunda intensidade.

O Espírito Santo intercede por nós com discernimento

Paulo agora vai dizer que a intercessão do Espírito é realizada com profunda acuidade e entendimento. *E aquele que sonda os corações sabe qual é a intenção do Espírito...* (Romanos 8:27). "Os gemidos do Espírito são a expressão da mente do Espírito".[19] A mente do Espírito está afinada com a mente do Pai. Não há conflito na Trindade. O Espírito nunca intercede por uma causa contrária à vontade do Pai. Assim, quando o Espírito sonda o nosso coração para nos assistir, isso está de pleno acordo com a mente do Pai. O Espírito Santo nos conhece profundamente e também conhece o Pai. Sua intercessão não é baseada em sentimentos equivocados nem em propósitos errados. Deus Pai sabe que a intercessão do Espírito Santo em nosso favor

---

[19] WILSON, Geoffrey B. *Romanos*, PES, p. 126.

está alinhada com o seu propósito eterno de nos conduzir à glória. Muitas vezes, pela nossa fraqueza, não sabemos interceder. Nossas orações, muitas vezes, são desprovidas de compaixão e de entendimento.

João Calvino afirmou que

> o ponto principal e fundamental da oração é a harmonia com a vontade divina, porque nossos desejos não o forçam nem o obrigam. Por isso, se queremos que nossas orações sejam agradáveis a ele, é preciso suplicar que ele mesmo as dirija.[20]

Mas o Espírito Santo revela não apenas profundo amor, mas, também, infinito conhecimento em sua oração. Nenhuma oração do Espírito é desperdiçada. Cada palavra, cada gemido, possui um valor infinito. Na verdade, o próprio Deus está empenhado nesse projeto eterno e indefectível de nos conduzir à glória.

O Espírito Santo intercede por nós com eficácia

Paulo ainda declara: [...] *ele intercede pelos santos, segundo a vontade de Deus* (Romanos 8:27). A intercessão do Espírito Santo não é pelo mundo, mas pelos santos. Nem todos estão destinados à glória. Somente aqueles que foram chamados com santa vocação, arrependeram-se de seus pecados e creram em Jesus de todo o coração, recebendo-o como Salvador e Senhor têm a vida eterna. O universalismo, a crença de que, no fim, todas as

---

[20] CALVINO, Juan. *Epístola a los Romanos*, TELL, p. 218.

Destinados para a glória

pessoas serão salvas não possui nenhum amparo nas Escrituras. Só os santos são contemplados por esta intercessão eficaz do Espírito. Jesus orou ao Pai pelos seus discípulos e disse: *Eu rogo por eles. Não rogo pelo mundo, mas por aqueles que me deste, pois são teus* (João 17:9).

Os santos são todos aqueles que reconheceram seus pecados e depositaram sua confiança em Cristo. Os santos não são aqueles que foram beatificados ou canonizados pela igreja, mas todos os que foram remidos e lavados no sangue de Jesus. Os santos não são aqueles que foram colocados indevidamente pela Igreja como intercessores, mas aqueles que são contemplados pela bendita e eficaz intercessão do Espírito. Em favor dos santos é que o Espírito ora, e sua intercessão é plena de eficácia, visto que é segundo a vontade de Deus que ele intercede por eles.

Há poder na intercessão do Espírito Santo. Há eficácia na oração intensa e cheia de compaixão. O ponto principal da oração é a harmonia com a vontade divina. Se o Espírito Santo a dirige, ela vai ser alinhada com a vontade de Deus. A verdadeira oração é inspirada pelo Espírito Santo. Diante dos perigos que nos ameaçam no caminho rumo à glória, temos que nos refugiar nessa verdade bendita de que o Espírito Santo não nos deixará desamparados. Ele veio para ficar para sempre conosco. Sua intercessão por nós é perseverante. Ele nunca nos abandonará. Ele jamais vai desistir de nós. Ele veio para habitar em nós, para nos sustentar em nossas fraquezas e interceder por nós com intensidade, com entendimento e com eficácia.

A intercessão do Espírito em nosso favor

Warren Wiersbe diz que o crente jamais precisa ficar desanimado em meio ao sofrimento e às provações, porque ele sabe que Deus está trabalhando no mundo (Romanos 8:28) e seu plano é perfeito (Romanos 8:29). E neste plano, Deus tem dois propósitos: o nosso bem e sua glória.[21]

---

[21] WIERSBE, Warren. *The Bible Expository Commentary*, vol. 1, p. 541.

Capítulo 3

A sábia intervenção de Deus em nossa história

Paulo erige mais um pilar da nossa esperança, dizendo: *Sabemos que Deus faz com que todas as coisas concorram para o bem daqueles que o amam, dos que são chamados segundo o seu propósito* (Romanos 8:28). Nesse texto temos algumas lições importantes a destacar:

Uma convicção inabalável

O apóstolo Paulo começa essa expressão usando um verbo extremamente sugestivo: *Sabemos...* Ele não diz: pensamos ou sentimos, mas: sabemos! "O apóstolo Paulo não diz: esperamos, ou conjecturamos, mas 'sabemos'. Isso é como um artigo do nosso credo. A palavra grega vem de um termo da matemática".[22]

---

[22] Watson, Thomas. *All Things for Good*. Pennsylvania: *The Banner of Truth Trust*, 1998, p. 10.

A sábia intervenção de Deus em nossa história

É algo exato, incontroverso, absoluto. Essa não é a linguagem da conjectura hipotética, mas da certeza experimental.[23]

Paulo não está falando de um conhecimento que ele adquiriu nos livros, ou uma informação que ouviu de alguém, mas de uma experiência profunda vivenciada na jornada da vida. Paulo não foi um teórico que subiu numa cátedra para de lá blasonar teorias desconectadas da vida. Paulo não foi um teólogo de gabinete, encastelado em uma torre de marfim. Ele conheceu a Deus na urdidura da vida, nas trincheiras da luta, no campo de batalha. Ele sofreu, chorou, foi surrado, preso, açoitado, ameaçado, perseguido. Enfrentou frio, fome, naufrágio, abandono, ingratidão. Paulo carregou no corpo as marcas de Jesus. Mas chegou ao final da vida sem azedume na alma, sem ranço no coração, convicto de que todas essas coisas haviam cooperado, não apenas para o seu bem, mas também para o progresso do Evangelho (Filipenses 1:12).

Mesmo quando estava preso num calabouço romano, aguardando o seu martírio, não deixou de se alegrar em Deus. Com imperturbável convicção, proclamou: *Eu sei em quem tenho crido* (2Timóteo 1:12). O mundo está cheio de gente que está bem quando tudo está calmo ao seu redor, e fica mal quando chegam os problemas. Certo fazendeiro[24] viajava de trem na China e entabulou uma conversa com o seu companheiro de viagem:

---

[23] WILSON, Geoffrey B. *Romanos*, PES, p. 126.

[24] VASSÃO, Amantino Adorno. *Mesmo na tempestade*. São Paulo, SP: Editora Betânia, p. 13,14.

Destinados para a glória

— Olha, eu plantei um arrozal enorme este ano. Enchi todas as minhas terras de arroz, vou ganhar muito dinheiro.

O companheiro de viagem olhou para ele e disse:

— Que bom!

O fazendeiro pensou que ele fosse acrescentar algum comentário, porém ele só disse: "Que bom!" Então o fazendeiro continuou:

— Olha, mas também se o sol castigar, se for implacável, não vai dar arroz nenhum, vou perder as sementes e ter um grande prejuízo.

O homem olhou para ele e disse:

— Que mal!

Não houve mais nenhum comentário. O fazendeiro então, tentando prosseguir o diálogo, disse ainda:

— Olha, mas eu estou certo de uma coisa: se chover, se fizer tempo propício e as coisas acontecerem como estou esperando, vou colher muito arroz e vou ganhar muito dinheiro e prosperar tremendamente.

O homem olhou para ele e disse:

— Que bom!

O fazendeiro ficou muito irritado com o fato, levantou-se de sua poltrona, deixou seu camarada para lá e ficou olhando a paisagem. De repente, ele se distraiu, escorregou e caiu do trem, rolando estrada abaixo no meio da poeira. Então lembrou-se do seu companheiro de viagem e disse: "Que mal!" Mas, de repente, veio-lhe à memória o fato de que pelo menos estava livre daquele homem chato e disse: "Que bom!"

A sábia intervenção de Deus em nossa história

Tem gente que está bem ou está mal, dependendo das circunstâncias. Paulo, porém, está nos ensinando a transformar os nossos vales em mananciais, as nossas noites escuras em prelúdios de manhãs radiosas, as nossas dores em cenário de consolo, e a própria enfermidade que surra o nosso corpo num instrumento de quebrantamento e proximidade de Deus. Paulo está dizendo que é possível transformar as tragédias que desabam sobre a nossa cabeça e os ventos contrários que fuzilam com fúria desmedida a nossa família em um instrumento divino para sermos mais santos e mais vitoriosos.

José do Egito sofreu injustiças profundas. Seus irmãos, por inveja, o odiaram e o venderam como escravo. Sua patroa, por despeito, acusou-o injustamente e ele foi parar na cadeia. Seu companheiro de prisão, o copeiro-mor do faraó, por ingratidão, esqueceu-se de interceder por ele. Os anos se passaram e José continuava sendo jogado de um lado para o outro, vitimado por toda sorte de injustiças. Mas, em todo esse tempo, ele sabia que Deus estava no controle da situação e jamais se desesperou, pelo contrário: continuou mantendo sua fidelidade a Deus. O Senhor, então, o tirou da masmorra e o colocou no trono do Egito, para ser o governador de todo aquele vasto império. Mais tarde, seus irmãos tiveram de ir ao Egito comprar alimento e José se deu a conhecer a eles. Eles ficaram com medo de vingança, mas José lhes disse: *Certamente planejastes o mal contra mim. Porém Deus o transformou em bem, para fazer o que se vê neste dia, ou seja, conservar muita gente com vida* (Gênesis 50:20).

O apóstolo Paulo, depois de ter sido perseguido em Damasco, rejeitado em Jerusalém, esquecido em Tarso, apedrejado em

Destinados para a glória

Listra, açoitado e preso em Filipos, escorraçado de Tessalônica e Bereia, chamado de tagarela em Atenas, de impostor em Corinto e depois de ter enfrentado feras em Éfeso, agora está de volta em Jerusalém. Ali foi preso, em Cesareia foi acusado. Deus lhe disse para dar testemunho também em Roma e, na viagem para lá, sofreu um terrível naufrágio. Chegou à ilha de Malta e foi picado por uma víbora. Chegou a Roma como prisioneiro e ficou algemado numa prisão, depois de enfrentar perigos de desertos e rios, de sofrer fome, nudez e trazer no corpo as marcas de Cristo. Depois de todas essas circunstâncias adversas, Paulo escreve para os crentes de Filipos, declarando que essas coisas não o destruíram, mas contribuíram para o progresso do evangelho (Filipenses 1:12). Isso levou a igreja a ser despertada para trabalhar mais. Sua prisão lhe deu a oportunidade de evangelizar a guarda pretoriana, os soldados de escol da guarda de Nero. As cadeias de Paulo abriram novas portas para a pregação do evangelho. A prisão de Paulo levou-o a escrever várias cartas, como Efésios, Filipenses, Colossenses, Filemon e 2Timóteo, cartas que têm sido luzeiros para as nações e abençoado o povo de Deus ao longo dos séculos. Sim, sabemos que podemos capitalizar até mesmo o sofrimento como instrumento de bênção e crescimento em nossa vida.

 O rei Davi disse que o sofrimento tem um propósito pedagógico profundo: *Foi bom eu ter sido castigado, para que aprendesse teus decretos* (Salmos 119:71). O livro de Cantares mostra-nos que os vendavais da vida, que sopram com fúria em nosso jardim, em vez de destruí-lo esparramam os seus aromas, tornando

A sábia intervenção de Deus em nossa história

o ambiente mais agradável (Cantares 4:16). Quando Davi foi ungido rei sobre Israel pelo profeta Samuel, em vez de subir ao trono e vestir os trajes reais, foi matriculado na escola do sofrimento. Em vez de assumir o trono de Saul, foi perseguido implacavelmente por ele. O destino da glória passa pelo caminho do quebrantamento. Antes de Davi ocupar o lugar de Saul, Deus precisava tirar o Saul que estava dentro de Davi. Antes da exaltação vem a humilhação. Antes da glória vem o quebrantamento. Antes dos montes, vem o vale, antes da terra prometida vem o deserto.

Muitas vezes Deus não nos explica as razões do nosso sofrimento. Quando, porém, não pudermos entender os porquês de Deus, podemos entender Deus! Ele é o nosso Pai. Ele é soberano, está no controle do universo e faz com que todas as coisas cooperem para o nosso bem.

Thomas Watson diz que muitos agradecem a Deus quando Deus dá alguma coisa; Jó agradeceu a Deus quando este lhe tirou tudo. Todos os pássaros podem cantar na primavera, mas há alguns que cantam no inverno mais rigoroso. Quase todas as pessoas podem ser gratas na prosperidade, mas um verdadeiro crente pode ser grato até na adversidade. Ele bendiz a Deus não apenas pelo alvorecer, mas também pelo ocaso.[25]

O grande patriarca Jó era um homem piedoso. Satanás, entretanto, questionou o seu caráter. Ele acusou Jó de servir a Deus por interesse. Insinuou que Jó era corrompido como ele. Entretanto, por permissão e propósito de Deus, Jó demonstrou

---

[25] WATSON, Thomas. *All Things for Good*. 1998, p. 62,63.

Destinados para a glória

que uma pessoa pode amar mais a Deus do que a riqueza, a família e a própria vida. Sendo o homem mais rico do Oriente, Jó foi à falência. Tendo dez filhos, perdeu-os, todos, num único acidente. Perdeu sua saúde e também o apoio de sua mulher. Sofreu, ainda, o duro golpe das acusações levianas de seus amigos. No auge da sua dor, Jó foi lançado no lixão da sua cidade. Raspava sua pele necrosada com cacos de telha. Seu sofrimento era tão cruel que, para aliviar a dor, mordia as bolhas de pus do próprio corpo, para aliviar a dor. Levantou a voz ao céu e desejou ter morrido no ventre de sua mãe ou ao nascer. Pediu a morte. Queria que o próprio Deus o matasse. Na sua agonia, perguntou a Deus dezesseis vezes: Por quê? Por que estou sofrendo, por que minha dor não cessa? Por que o Senhor não me mata de uma vez?

A única resposta que Jó ouviu ao seu clamor foi o total silêncio de Deus. Quando Deus resolveu falar, não respondeu as perguntas de Jó. Ao contrário, Deus lhe fez setenta perguntas: "Onde estavas tu, Jó, quando eu lançava os fundamentos da terra? Onde estavas tu, quando eu espalhava as estrelas no firmamento? Onde estavas tu, quando eu punha limites nas águas do mar?" Diante da majestade de Deus, Jó se encolheu e disse: *Bem sei que tudo podes e que nenhum dos teus planos pode ser impedido* (Jó 42:2). E disse, ainda: *Com os ouvidos eu tinha ouvido falar a teu respeito; mas agora os meus olhos te veem. Por isso me desprezo e me arrependo no pó e na cinza* (Jó 42:5,6). Jó não entendeu os porquês de Deus, mas entendeu Deus!

Quando o grande cientista Albert Einstein veio à América com sua esposa, os repórteres perguntaram a ela: "A senhora

A sábia intervenção de Deus em nossa história

compreende a complexa teoria da relatividade, que tornou seu marido tão famoso no mundo?" Ela respondeu: "Eu não compreendo a complexa teoria da relatividade que tornou o meu marido tão famoso no mundo, mas eu compreendo o meu marido". Quando não pudermos compreender o que Deus está fazendo em nossa vida, podemos compreender Deus e saber que ele é soberano e também o nosso Pai!

As grandes lições da vida não são aprendidas nos dias de celebração, mas no vale escuro do sofrimento. Todos os grandes homens foram quebrantados. Agostinho dizia que quando o homem reconhece que é apenas homem, então discerne que Deus é Deus. O homem veio do pó, voltará ao pó, por isso é pó. Nós não somos o que somos, mas o que fomos e o que havemos de ser. Só Deus é o que é. Só Deus é autoexistente e independente. É fácil entender o pó que fomos, pois Deus formou Adão do pó da terra. É fácil entender o pó que seremos, pois todos nós desceremos à sepultura. Mas como entender o pó que somos? O pó que anda, corre, fala, ri, chora? Nós somos pó, porque fomos pó e haveremos de ser pó. Não somos o que somos, mas o que fomos e o que havemos de ser.

A Bíblia diz que, quando Moisés foi ao Egito tirar o povo de Israel da escravidão, ele lançou a sua vara ao chão e ela transformou-se numa serpente. Os magos do Egito fizeram o mesmo, mas a vara de Moisés devorou as serpentes dos magos. Ora, vara não tem boca nem garganta. Como então, a vara de Moisés engoliu as serpentes dos magos do Egito? Se a serpente de Moisés era vara e haveria de se tornar vara, então ela não era serpente, mas vara, porque ela era o que havia sido e o que haveria de ser. Assim também somos nós: viemos do pó e tornaremos ao pó, portanto somos pó. Mas, o que é que levanta o pó? O vento. Quando o vento sopra, o pó se levanta e o pó corre, e o pó voa. Quando, porém, o vento cessa, o pó para, cai, na rua, em casa, no hospital... Se Deus não agir em nós, somos pó caído, mas se Deus soprar em nossa vida, seremos pó erguido. O vento só pode levantar o pó caído. Antes de sermos exaltados, precisamos nos humilhar debaixo da onipotente mão de Deus!

Um otimismo ultracircunstancial

O apóstolo Paulo prossegue, e diz que *todas as coisas concorrem...* A vida é composta de alcantis e de vales, de alegrias e lágrimas, de prosperidade e perdas. Paulo não está dizendo que todas as coisas que nos acontecem são boas em si mesmas. É claro que há coisas que acontecem conosco que não são intrinsecamente boas. O cristão é alguém que deve saber interpretar a vida. De modo nenhum ele deve sorrir da desgraça e se alegrar na tragédia. Cristianismo não é masoquismo. A filosofia masoquista é anticristã. O cristão não tem prazer no sofrimento. Ele não deve sair gritando de alegria e dando glória a Deus porque está com câncer. Ele não deve ficar feliz porque perdeu o emprego. O que Paulo está ensinando é que nos grandes problemas, nas grandes aflições, nas grandes tragédias da vida, o nosso Deus trabalha de tal forma que essas situações adversas revertem-se em bênção para nós. Gloriamo-nos em Deus não apenas nos dias ensolarados, mas também nas noites turvas do sofrimento. Gloriamo-nos

A sábia intervenção de Deus em nossa história

não apenas na esperança da glória, mas também nas próprias tribulações, sabendo que a tribulação produz perseverança, e a perseverança produz experiência e a experiência desemboca numa esperança triunfadora.

Thomas Watson, ilustre puritano inglês do século 17, disse que a expressão *cooperam* refere-se à medicina. Vários ingredientes venenosos colocados juntos, sendo combinados pela perícia científica de um farmacêutico, tornam esses ingredientes um produto medicinal, que contribui para o bem do paciente enfermo. Assim é a providência de Deus: quando divinamente temperada e santificada, coopera para o bem daqueles que o amam.[26] O poeta inglês William Cowper escreveu que por trás de toda providência carrancuda esconde-se uma face sorridente. Quando Deus nos dá um remédio amargo é para nos curar. Quando ele nos disciplina é para nos restaurar. O objetivo de um médico não é apenas ser agradável com o paciente, mas curar sua enfermidade. A aflição pode ter uma raiz amarga, mas produz frutos doces, pois o próprio dia da morte de um crente é o dia da sua ascensão à glória.[27] Até mesmo as circunstâncias que consideramos amargas e ruins, tecidas pelas mãos de Deus, destinam-se ao nosso bem maior e final. Davi disse que a aflição produz aprendizado. O vale da dor é a escola superior do nosso aprendizado. Deus levou Elias para a solidão do deserto em Querite e depois o lançou na fornalha em Sarepta antes de usá-lo com poder no monte

---

[26] WATSON, Thomas. *All Things for Good*. 1989, p. 11.

[27] Ibid., p. 57.

Destinados para a glória

Carmelo. Deus trabalha em nós antes de trabalhar por meio de nós. Paulo diz que seus açoites e prisões contribuíram para o progresso do evangelho (Filipenses 1:12). Jó disse que emergiu das profundezas da sua dor tendo um conhecimento mais profundo e íntimo de Deus (Jó 42:5). No deserto do sofrimento, Deus nos faz pôr à parte as glórias do mundo; na fornalha da aflição, Deus nos depura e nos santifica para sua obra. O próprio Filho de Deus foi homem de dores e aprendeu pelas coisas que sofreu. O sofrimento nos põe em nosso devido lugar. Muitas vezes, ele afasta para longe de nós a soberba do nosso coração e nos faz assentar aos pés do Senhor da glória, humildes e dependentes.

Certa feita, uma criança estava brincando na beira de um lago com um barquinho de papel. De repente, o vento levou o seu barquinho para o meio do lago e o menino começou a chorar. Logo aproximou-se dele um rapaz que lhe perguntou: "Por que você está chorando?" O garoto então respondeu: "O vento levou o meu barquinho e eu não consigo mais apanhá-lo". O jovem dispôs-se a ajudá-lo e logo começou a atirar algumas pedras na direção do barquinho, o que gerou uma imediata revolta do garoto. Mas o rapaz sabiamente lhe disse: "Fique sossegado! Eu estou jogando estas pedras, porque, ao caírem perto do seu barquinho, as ondas vão se formando e essas ondas empurrarão o seu barquinho para perto de você". Minutos depois, o garoto, sorridente, tinha o seu barquinho de volta.[28]

---
[28] VASSÃO, Amantino Adorno. *Mesmo na tempestade*, p. 20.

A sábia intervenção de Deus em nossa história

Na verdade, as pedras que caem à beira da nossa vida podem nos levar para mais perto de Deus. Quando Deus permite uma provação em nossa vida, não é para nos derrotar, mas para nos fazer mais fortes e colocar-nos mais perto dele. Tiago diz que devemos ter por motivo de toda a alegria o passarmos por várias provações (Tiago 1:2). As provas são inevitáveis, passageiras e pedagógicas. São as nuvens escuras que trazem a chuva que faz o campo florescer e frutificar e os prados ficarem engrinaldados de flores.

O Rev. Amantino Adorno Vassão, de saudosa memória, em seu livro *Mesmo na tempestade*, fala sobre um jovem que chegou a ele desejando realizar um culto em ação de graças, depois de passar dois anos internado, com tuberculose, em um hospital em São José dos Campos. Com alegria, o pastor lhe disse: "Que bom, meu filho, verdadeiramente precisamos agradecer a Deus e é justo que o façamos por causa da sua cura". A esta palavra do pastor, o jovem retrucou: "Não pastor, eu quero agradecer a Deus pela minha doença, porque antes de ficar doente eu não tinha um compromisso sério com Deus, eu não lia a Bíblia, não orava, não buscava a Deus; era apenas um frequentador da igreja. Mas, quando eu fiquei prostrado no leito, comecei a ler a Bíblia, comecei a invocar o nome de Deus e o Senhor mudou a minha vida, transformou o meu coração e um glorioso milagre aconteceu em minha história. Por isso, quero realizar um culto em ação de graças pela minha enfermidade, que me aproximou do Senhor!"[29]

---

[29] Ibid., p. 26.

Destinados para a glória

Uma bem-aventurança determinada por Deus

O paladino da fé cristã, o apóstolo Paulo, prossegue: *Sabemos que Deus faz com que todas as coisas concorram para o bem...* (Romanos 8:28). Deus trabalha todas as coisas para o nosso bem. Todas as coisas cooperam para o bem, não por força inerente, nem por acaso, mas pela divina direção. A nossa vida não é guiada por um destino cego. Não somos controlados pelo acaso. Não estamos sujeitos ao rolo compressor de um destino cego e implacável. Nossa vida não é dirigida pelos astros ou por qualquer força mística. Nossa vida está nas mãos de Deus.

O mesmo Deus que está assentado na sala de comando do universo e controla os céus e a terra, é aquele que dirige o nosso destino. Nem um fio de cabelo da nossa cabeça pode embranquecer ou cair sem que ele saiba e permita. Ele conhece cada uma das sessenta trilhões de células do nosso corpo. Ele sabe quem somos, onde estamos, como estamos, como nos sentimos, para onde devemos ir. Ele nos cerca por diante, por trás e sobre nós põe a sua mão. Ele estende debaixo de nós seus braços eternos. Ele é aquele que nos guia com o seu conselho eterno, nos toma pela mão e nos conduz à glória. Ele trabalha para aqueles que nele esperam. Ele faz hora extra em favor dos seus filhos. Aos seus amados, ele o dá (tudo do que precisam) enquanto dormem.

O grande problema é entender o que é esse bem. Para a sociedade moderna, o bem é ter dinheiro, posição social, saúde, amigos, sucesso, diplomas, reconhecimento, conforto, prazer. As pessoas estão buscando a felicidade em coisas ou em pessoas, e não a encontram. Estão procurando na fonte errada. A

A sábia intervenção de Deus em nossa história

verdadeira felicidade, o verdadeiro bem está em Deus. Ele é o sumo bem. O maior projeto de Deus na nossa vida não é nos fazer felizes, mas nos transformar na imagem do seu Filho. Esse é o bem supremo da vida.

Deus está trabalhando não apenas as circunstâncias que nos cercam, mas também está trabalhando em nossa vida, esculpindo em nós o caráter do seu Filho. Como um perito escultor, Deus está arrancando lascas de mármore em nós e isso dói. Ele está quebrando arestas, amoldando-nos e cinzelando-nos. Seu projeto não é poupar-nos do sofrimento, mas fazer-nos santos como ele é santo. O próprio Filho de Deus aprendeu pelas coisas que sofreu. O sofrimento não vem para nos entortar e nos enfear, mas para nos burilar, nos aperfeiçoar e fazer-nos refletir a beleza de Jesus. Quando Jó foi açoitado pelo vendaval do sofrimento e perdeu seus bens, seus filhos, sua saúde, seu casamento e seus amigos, ele, no fundo do vale, conheceu a Deus na intimidade e afirmou: *Com os ouvidos eu tinha ouvido falar a teu respeito; mas agora os meus olhos te veem* (Jó 42:5). O sofrimento que ele enfrentou não era bom em si mesmo, mas Deus o usou para o seu bem final.

John Bunyan, puritano da Inglaterra, no século 17, foi preso por pregar o evangelho. Ficou quatorze anos na prisão em Bedford. De trás das grades da cadeia, com o coração partido, via a sua filhinha cega passando grandes necessidades. Sua prisão parecia ser uma tragédia. Mas o Deus que inspira canções nas noites escuras instilou no coração de Bunyan, enquanto estava naquela tosca cela, um dos romances mais lindos de toda a história. Seu livro O *Peregrino* é o livro mais lido no mundo

Destinados para a glória

depois da Bíblia. Narra com beleza, acuidade e profundidade a caminhada do povo de Deus rumo à glória. Deus trabalhou as adversidades e fez delas um cenário de vitória para Bunyan e para milhões de pessoas em todo o mundo.

Quando os discípulos de Jesus o interpelaram sobre as causas da cegueira de um homem cego de nascença, o Senhor lhes disse que aquele homem havia nascido cego para que nele se manifestasse a glória de Deus (João 9:3). Quando Jesus recebeu o recado de Marta sobre a doença de Lázaro, ele logo afirmou que aquela enfermidade não era para a morte, mas para a glória de Deus. Marta e Maria sofreram com a doença e com a morte de Lázaro, mas o sofrimento delas converteu-se em profusa alegria quando Lázaro ressuscitou. No momento em que você estiver enfrentando um problema, o seu coração fica apertado, sua alma fica de luto, mas o consolo de Deus não tarda. No seu tempo oportuno, ele intervém, ele restaura, ele trabalha para que todas as coisas cooperem para o seu bem.

Certa feita, um cego tentava tirar alguns acordes do seu velho violino, objetivando granjear algumas moedas dos transeuntes que passavam pela rua. A música desafinada só afastava as pessoas. Paganini, considerado o maior violinista de todos os tempos, do seu quarto ouviu aquele som desconcertante e desceu para ver o que era. Ao ver o cego, compadeceu-se dele, e tomou de suas mãos o violino. Começou a tocar e um som majestoso e sublime encheu o ambiente. Atraídas pela excelência da música, as pessoas se aproximaram e todas, comovidas, iam lançando suas moedas na bagagem do

A sábia intervenção de Deus em nossa história

cego. Quando as circunstâncias da nossa vida parecem estar descontroladas como a música que brotava do violino nas mãos daquele pobre cego, Deus as toma em suas mãos e faz delas circunstâncias que visam ao nosso bem.

O Senhor converte para o nosso bem o que parece contrário ao nosso bem. Ainda que sejamos sujeitos aos mesmos males que os ímpios, há uma grande diferença: os males que nos sobrevêm concorrem para o nosso bem, e não para a nossa destruição. Deus governa de tal modo todas as coisas em nossa vida, que, ao fim, aquilo que o mundo considera prejudicial aparece como proveitoso. É Deus quem dirige as coisas, e não as coisas que acabam por ajustar-se. O cristão é alguém que vive não pelos sentimentos nem pelas circunstâncias que o cercam. Ele vive pela fé. Ele vive com entusiasmo, sabendo que a nossa história não caminha para o caos, mas para um fim glorioso. O fim da linha não é o triunfo da morte sobre a vida. Aqui há vale e há dor, mas o nosso fim é de glória excelsa. Nem a corruptibilidade do homem exterior, nem a fraqueza do homem interior, impedirão que Deus realize em nós o seu plano. O bem triunfará sobre o mal. O pecado não vai vencer. O mundo não vai vencer. O Diabo não vai vencer. Não importa quão sofrida seja a luta, o resultado final já está decidido. Nós somos mais do que vencedores em Cristo. Nós já estamos destinados para a glória. Nós vamos reinar com Cristo para todo o sempre. Nada nem ninguém na terra nem no inferno poderá nos roubar essa vitória. Os propósitos de Deus não podem ser frustrados. A boa obra que ele começou a realizar em nós certamente vai completá-la até o dia de Cristo Jesus.

Destinados para a glória

Um privilégio inaudito

O gigante do cristianismo, o apóstolo Paulo, prossegue: *Sabemos que Deus faz com que todas as coisas concorram para o bem daqueles que o amam...* (Romanos 8:28). Paulo não está dizendo que todas as coisas cooperam para o bem de todas as pessoas indistintamente. São apenas os filhos de Deus que recebem esta promessa. No fim, veremos que nada contribui para o bem final dos ímpios, mas todas as coisas devem cooperar para o bem daqueles que amam a Deus.[30] Todas as dispensações da providência, quer favoráveis, quer adversas, todas as ocorrências e acontecimentos, todas as coisas, quaisquer que sejam, cooperam para o bem dos que amam a Deus. Elas não o fazem por si mesmas. É Deus quem opera todas as coisas para o bem dos seus filhos. As próprias aflições que sofremos contribuem para o nosso bem final (Salmos 119:67,71).[31]

O que Paulo está afirmando é que aqueles que amam a Deus, mesmo quando enfrentam adversidades, podem ter a convicção de que, no fim, todas as coisas cooperarão para o seu bem. Não há motivo para desespero, dúvida ou ansiedade no coração daquele que ama a Deus. Aqui está uma das maiores comprovações da doutrina da perseverança dos santos. O mesmo legislador que criou e faz cumprir as leis do universo é o Deus que dirige a nossa vida. O mesmo Senhor absoluto que está assentado na sala do comando do universo é quem governa os destinos da nossa história. O mesmo Deus soberano que

---

[30] WILSON, Geoffrey B. *Romanos*, p. 126,127.
[31] Ibid., p. 127.

A sábia intervenção de Deus em nossa história

conta as estrelas do céu e as chama pelo nome é o Deus que está no controle das circunstâncias da nossa vida.

Deus não pode ser apanhado de surpresa. Ele não dorme. Ele vela pelos seus filhos. Nem uma folha cai de uma árvore sem que ele saiba e permita. Nem um fio de cabelo da nossa cabeça pode embranquecer sem que ele permita. Nosso futuro não é como um trem descarrilado, ladeira abaixo. Não estamos caminhando pela vida como uma carreta desgovernada e sem freio. São as mãos do Deus onipotente que dirigem nosso destino. Ele está empenhado e comprometido com um plano vitorioso e infalível, em que o nosso futuro já está marcado e escrito; nesse plano, seguramente, todas as coisas cooperam para o nosso bem. Podemos até não entender muita coisa que acontece conosco, mas podemos ter convicção de que Deus está no controle. Como Jó, às vezes não temos respostas às nossas perguntas ou explicações sobre a causa do nosso sofrimento.

Mas, basta-nos saber quem está no controle da nossa vida. Certa feita, um menino foi visto com um embrulho em suas mãos. Ele o apertava ao peito com carinho. Alguém, então, lhe perguntou:

— Menino, o que é isto?
— Isto é um presente.
— O que tem dentro desse embrulho?
— Uma coisa maravilhosa!
— Mas o que tem aí dentro desse embrulho?
— Eu não sei.

Destinados para a glória

— Mas, se você não sabe, como está dizendo que é uma coisa maravilhosa?

— Porque foi o meu pai que me deu, e meu pai só me dá coisas boas.[32]

Podemos ter certeza de uma coisa: ainda que venhamos a sofrer e chorar, ainda que venhamos a descer aos vales escuros da vida, sabemos que o Pai das luzes está preparando para nós coisas boas, coisas que vão contribuir para o nosso eterno bem.

Às vezes, Deus nos corrige e disciplina, como um pastor que chega a quebrar a perna de uma ovelha peralta, para evitar que ela pereça nos abismos da vida, devorada pelos predadores. A ovelha pode achar a atitude do pastor um gesto radical, mas entre o conforto e a salvação da ovelha, o pastor sempre vai escolher a segunda opção. Nenhum filho fica alegre em ser disciplinado. Nenhuma pessoa salta de alegria pelo fato de estar passando por uma provação. Mas, ao final, a disciplina produz fruto pacífico de justiça. A vara e o cajado do pastor trazem consolo para a nossa alma. O cristão tem a certeza de que o sofrimento não vem para destruí-lo, mas para colocá-lo mais perto de Deus. As tribulações não podem nos afastar de Deus, elas nos vêm para que tenhamos experiências mais profundas com ele. O sofrimento do tempo presente não pode ser comparado com as glórias a nos serem reveladas. A nossa leve e momentânea tribulação produz para nós eterno peso de glória acima de toda comparação.

---

[32] Amantino Adorno Vassão, *Mesmo na tempestade*, Betânia, p. 34.

A sábia intervenção de Deus em nossa história

Um plano glorioso

Finalmente, o apóstolo Paulo diz: *Sabemos que Deus faz com que todas as coisas concorram para o bem daqueles que o amam, dos que são chamados segundo o seu propósito* (Romanos 8:28). Charles Hodge, grande teólogo e intérprete das Escrituras, disse que, nas epístolas do Novo Testamento, a palavra *chamados* nunca é aplicada àqueles que receberam apenas o convite exterior do Evangelho. A palavra sempre se refere aos que são eficazmente chamados.[33] Esse chamamento não é segundo os méritos dos homens, mas de acordo com o propósito divino (Romanos 9:11; Efésios 1:11; 2Timóteo 1:9). Os chamados são escolhidos segundo um propósito; o propósito antecede o chamamento.[34]

Paulo está dizendo que o nosso amor por Deus tem sua origem na eleição divina. Nós o amamos porque, no seu propósito eterno, ele nos escolheu e nos chamou para a vida eterna. O nosso amor por Deus é resposta ao amor de Deus por nós. O nosso amor por Deus é reflexo do amor de Deus por nós. Nós amamos a Deus porque ele nos amou primeiro. O nosso amor é decorrente, é consequente, é fruto do amor eletivo de Deus. Não fomos nós que escolhemos a Deus, foi ele quem nos escolheu primeiro. Essa verdade bendita está fartamente documentada nas Escrituras (João 15:16; Efésios 1:4; 2Timóteo 1:9; 2Tessalonicenses 2:13). Nós fomos incluídos no propósito eterno de Deus. Ele nos amou desde toda a

---

[33] WILSON, Geoffrey B. *Romanos*, p. 127.
[34] MURRAY, John. *Redemption Accomplished and Applied*, p. 156,157.

eternidade (Jr 31:3). Não existe o acaso para nós. Nossa vida, nosso futuro e tudo o que nos diz respeito está sob o total controle do Senhor.

O seu propósito em nossa vida não pode ser frustrado. Mas qual é esse propósito? O maior propósito que Deus estabeleceu para a nossa vida não é sermos ricos, famosos, tendo o cetro do poder nas mãos ou tendo o nosso nome saindo nas manchetes dos jornais. O grande propósito de Deus é transformar-nos à imagem do seu Filho. O grande propósito de Deus não é nos fazer famosos, mas santos. O alvo de Deus em nossa vida não é nos fazer ricos, mas parecidos com Jesus. O maior sentido da vida não é alcançar o sucesso segundo o padrão do mundo, mas possuir o caráter de Cristo. Jesus é o nosso ideal. Ele é o supremo alvo da vida. O apogeu da nossa história será alcançado quando atingirmos a plenitude da estatura de Cristo. Caminhamos em direção a este alvo até sermos revestidos com um corpo de glória, semelhante ao corpo de Cristo.

Os problemas da vida, os vales de dor, as angústias que nos apertam o peito, a doença que nos estiola a vigor, a escassez que nos oprime, não podem roubar de nós esse propósito, mas tiram de nós as escórias e arrancam de nós as arestas, para que sejamos mais parecidos com Jesus, que também aprendeu pelas coisas que sofreu. Deus move o céu e a terra para nos ajudar. Os anjos são espíritos ministradores em favor dos que herdam a salvação. Até mesmo os seres mais insignificantes podem ser usados por Deus para mostrar-nos a providência divina.

A sábia intervenção de Deus em nossa história

Li certa feita a história de um cristão que estava fugindo de uma perseguição. Seus inimigos vinham no seu encalço. Ele já podia ouvir o tropel dos cavalos fogosos que galopavam, resfolegantes. O cristão, com o coração assaltado de medo, entrou em uma caverna e escondeu-se no fundo dela. Imediatamente, uma aranha começou a trançar uma teia na porta da caverna. Ele olhou aquele aracnídeo horripilante e pensou: "Que bicho mais feio. Como Deus pode fazer um inseto tão inútil e asqueroso?" Enquanto seus inimigos o procuravam pelos arredores, a aranha terminou de bordar à porta da caverna a sua teia. Não tardou para que os inimigos parassem em frente à caverna. E logo alguém foi dizendo: "Ele deve estar escondido aí dentro, vamos procurá-lo". Outro, porém, observando os detalhes, imediatamente respondeu: "Não adianta procurá-lo aí, veja uma teia de aranha bem novinha aqui fechando a porta da caverna. Seria impossível ele ter entrado aqui sem romper essa teia de aranha. Vamos embora. Definitivamente ele não está aqui".[35]

Saiba que Deus pode usar até um aracnídeo para poupar a sua vida. Ele controla cada detalhe da sua existência. Talvez você esteja triste por causa do desemprego, do término do namoro ou do noivado, do prejuízo financeiro, da enfermidade ou até mesmo do abandono dos amigos. Saiba que Deus está no controle e todas as coisas cooperam para o seu bem final.

Certa moça ficou magoada com Deus pelo fato de seu pai ter ficado doente e vir a falecer. Seu pai era a única pessoa que

---
[35] VASSÃO, Amantino Adorno. *Mesmo na tempestade*, p. 40,41.

ela tinha na família. Ela ficou tão zangada que saiu da igreja e se isolou, mergulhada nas águas profundas da revolta. Passado um tempo, seu pastor foi visitá-la. Ela, então, expôs ao pastor toda a sua mágoa e revolta. Enquanto fazia um bordado à mão, ela abriu as câmaras interiores da sua alma e despejou toda a sua amargura e revolta contra Deus. O pastor não conseguiu falar-lhe uma só palavra. Ao final da visita, porém, o pastor subitamente apanhou da sua mão o bordado e virou-o ao avesso e disse-lhe: "Eu não consigo entender como uma moça tão inteligente como você consegue fazer uma coisa tão feia!" A jovem, imediatamente, lhe disse: "Mas o senhor está olhando o bordado pelo avesso. Vire o lado direito do bordado e o senhor verá a beleza dele". Então o pastor carinhosamente lhe falou: "Filha, você está olhando para o plano de Deus do lado avesso. Olhe pelo lado dele porque, na perspectiva de Deus, todas as coisas cooperam para o seu bem".

Agora, há pranto e dor. Agora, há vale e choro. Agora, há fraqueza e doença. Agora, há luto e separação. Mas nem a dor, nem o sofrimento, nem a doença, nem a pobreza, nem o abandono, nem a morte podem frustrar os desígnios de Deus em nossa vida. Nada neste mundo nem no vindouro pode nos separar do amor de Deus que está em Cristo Jesus. **Fomos destinados para a glória, e já estamos com o pé na estrada, em sua direção!**

O propósito de Deus de conduzir-nos ao céu

Tudo que Deus faz é perfeito e completo. Ele não apenas estabelece os fins, mas também determina os meios. Ele não apenas nos destinou para a glória, mas determinou que deveríamos ter o caráter do Rei da glória. Paulo aborda o supremo propósito de Deus em nossa vida:

Transformar-nos à imagem do seu Filho

O apóstolo Paulo, tratando desse magno assunto, diz: *Pois os que conheceu por antecipação, também os predestinou para serem conformes à imagem de seu Filho...* (Romanos 8:29). Quando Paulo fala que Deus nos conheceu por antecipação, ele quer dizer que Deus nos amou desde a eternidade. Esta frase é equivalente a "aos que dantes amou" (Jeremias 31:3; Amós 3:2; Oseias 13:5; Mateus 7:23).[36]

---

[36] Sobre este assunto, ver WILSON, Geoffrey B. *Romanos*, p. 128.

Destinados para a glória

Deus não nos conhece apenas de maneira geral. Paulo está dizendo que Deus nos amou de antemão e num conhecimento íntimo, uma verdadeira relação de amor. Franz Leenhardt diz que "conhecer é escolher, é deixar-se envolver, é, então, amar e escolher por amor".[37]

Deus colocou o seu coração em nós antes dos tempos eternos. O amor de Deus não foi gerado por possíveis virtudes ou méritos que ele tenha visto em nós. Toda a causa do amor de Deus está nele mesmo. Porque Deus nos amou, ele nos predestinou. E nos predestinou não somente para a salvação, mas para sermos conformes à imagem do seu Filho.

A evidência da escolha divina é uma vida transformada. Deus nos escolheu antes da fundação do mundo para sermos santos e irrepreensíveis (Efésios 1:4). Deus nos escolheu desde o princípio para a salvação, mediante a fé na verdade e a santificação do Espírito (2Tessalonicenses 2:13). Deus nos predestinou não para vivermos ao nosso bel prazer, mas para sermos conformes à imagem de Jesus. O Espírito de Cristo está trabalhando em nós, para transformar-nos à imagem de Cristo (2Coríntios 3:18). A eleição, longe de promover o relaxamento moral, conduz à santidade. Sem santidade não há evidência de eleição. Todos os eleitos são santificados em Cristo Jesus.

Não conseguimos, pela nossa limitação, discernir os insondáveis propósitos divinos. Por que ele nos amou? Qual é a razão motivadora que o levou a nos escolher? Certamente a causa dessa escolha está em Deus e não em nós. Não foi por

---

[37] LEENHARDT, F. J. *Epístola aos Romanos*, p. 228.

mérito nosso. Não foi por causa das nossas obras ou em virtude da nossa justiça própria, mas por causa da sua excelsa graça e do seu infinito amor.

O propósito de Deus não é apenas nos salvar, mas transformar-nos à imagem de Jesus. O nosso destino não é apenas a glória, mas é nos tornarmos semelhantes ao Rei da glória. O céu não é apenas um lugar onde passaremos a eternidade, mas o lugar onde vamos reinar em absoluta santidade. Não só estaremos um dia no céu, mas reinaremos com Cristo para todo o sempre, com um corpo imortal, poderoso, glorioso, espiritual e celestial, semelhante ao corpo da sua glória. Antes, porém, de herdar o céu, precisamos ter o caráter de Cristo, o Rei da glória. Paulo está tratando aqui daquela conformidade progressiva com Cristo que começa na conversão, estende-se pelo processo da santificação e culmina na glorificação, que é a plena conformidade com a imagem do Cristo glorificado.[38]

Vivemos no apogeu do humanismo. Desde o Iluminismo o homem quer ser o centro de todas as coisas. O Universo gravita em torno do homem. O homem passou a ser a medida de todas as coisas. Ele deve ser o fim de tudo. Para ele tudo existe. Essa tendência antropocêntrica invadiu o próprio movimento evangélico. Não são poucos aqueles que estão levantando a bandeira de uma pregação humanista. Ensinam que o homem tem a autoridade, que o poder está em suas mãos. Proclamam que o homem deve dar ordens e então o mundo espiritual se

---

[38] CRANFIELD, C.E.B. *Comentários de Romanos*. São Paulo: Vida Nova, 2005, p. 194.

curvará às suas determinações. Ensinam que o cristão tem toda a autoridade e poder no mundo invisível e que há poder em suas palavras e, quando estas são proferidas, as coisas acontecem sem tardança.

Muitos estão dando ordens para Deus, dizendo: eu decreto, eu determino, eu exijo, eu rejeito, eu proíbo, eu não aceito. Esses aventureiros da fé dão até mesmo a impressão de que Deus está submisso às suas ordens soberanas. Parece até que Deus desceu do trono e eles agora é que comandam o Universo. Na verdade, não há nada mais insensato do que esse tipo de vaidade. Isso é um esnobismo pueril e vazio. Deus é quem está assentado no trono e faz todas as coisas conforme o conselho da sua vontade (Efésios 1:11). Ele não se deixa pressionar. Ninguém pode dar ordens para Deus. Ninguém pode determinar a agenda de Deus. O Senhor todo-poderoso estabeleceu um plano eterno, soberano, indestrutível e, ainda que todas as forças do inferno se levantem contra esse desiderato divino, não lograrão êxito.

Deus é vencedor em todas as batalhas. Ninguém pode lutar contra Deus e prevalecer. Quanto a nós, o propósito divino é nos transformar à imagem do seu Filho. Jesus foi manso e humilde de coração. Mesmo sendo Deus, ele não julgou como usurpação o ser igual a Deus, antes, a si mesmo se esvaziou, assumindo a forma de servo. Nada atenta mais contra o propósito de Deus em nossa vida do que sermos tomados por um sentimento de soberba. Deus resiste ao soberbo. Antes de nos levar para a sua presença, Deus transforma a nossa vida. Antes de nos levar ao céu, Deus muda o nosso caráter. Antes de nos conduzir à glória, Deus nos torna semelhantes ao Rei da glória.

Jesus deve receber toda honra e preeminência na família de Deus

O apóstolo Paulo, prossegue, e diz: [...] *a fim de que ele seja o primogênito entre muitos irmãos* (Romanos 8:29). O decreto divino tem por finalidade última a exaltação de Cristo. O termo primogênito reflete a prioridade e a supremacia de Cristo (Colossenses 1:15,18; Hebreus 1:6; Apocalipse 1:5).[39] O Filho de Deus, cumprindo o propósito eterno do Pai, desceu da sua glória, despojou-se de sua majestade, fez-se carne, deitou em uma humilde estrebaria, viveu como pobre, não tinha onde reclinar a cabeça. Suportou toda sorte de humilhação, passou fome, suportou sede, sofreu cansaço. Foi humilhado, zombado, perseguido, escorraçado, rejeitado, traído, negado, açoitado, preso, crucificado. Humilhou-se até a morte, e morte de cruz, pelo que Deus o exaltou sobremaneira e deu-lhe o nome que está acima de todo o nome, para que ao nome de Cristo se dobre todo joelho no céu, na terra, e debaixo da terra (Filipenses 2:5-11).

O propósito de Deus é que todas as coisas no céu e na terra tenham seu sentido e propósito em Cristo (Efésios 1:10). Ele é a origem de todas as coisas. Por meio dele tudo veio a existir. Para ele todas as coisas foram criadas. Dele, por meio dele e para ele são todas as coisas. Ele é o Alfa e o Ômega. Cristo, em

---

[39] WILSON, Geoffrey B. *Romanos*, p. 129.

tudo, deve receber preeminência. Para ele todas as coisas devem convergir. Ele deve receber o louvor e a glória para sempre. Fomos destinados para a glória para dar toda a glória ao Rei da glória. Devemos depositar aos seus pés as nossas coroas. Devemos unir nossas vozes aos santos anjos e proclamar com todas as forças da nossa alma, para sempre: *Ao que está assentado no trono e ao Cordeiro sejam o louvor, a honra, a glória e o domínio pelos séculos dos séculos* (Apocalipse 5:13).

Os elos dourados do glorioso propósito de Deus

O apóstolo Paulo, como que numa síntese que vai de eternidade a eternidade, pontua os elos dourados do glorioso plano de Deus na vida do seu povo. Diz ele: *E os que predestinou, a eles também chamou; e os que chamou, a eles também justificou; e os que justificou, a eles também glorificou* (Romanos 8:30).

A eleição eterna é a fonte da graça, e a glória eterna, a sua consumação. O apóstolo Paulo não menciona a experiência presente da santificação do crente, porque a diferença entre a santificação e a glória é de grau apenas, e não de espécie. F. F. Bruce disse que...

> a santificação é a conformidade progressiva à imagem de Cristo aqui e agora; a glória é a conformidade perfeita à imagem de Cristo lá e então. Santificação é glória começada; glória é santificação completada.[40]

---

[40] WILSON, Geoffrey B. *Romanos*, p. 130, e STOTT, John. *A mensagem de Romanos 5-8*, p. 95.

Paulo fala sobre quatro elos desse propósito soberano de Deus em nossa salvação:

Deus nos predestinou

A escolha de Deus foi soberana, livre e graciosa. Não fomos nós que escolhemos a Deus; ele nos escolheu a nós (João 15:16). A eleição de Deus é incondicional. Ele não nos escolheu por prever a nossa fé. Não fomos eleitos por causa da nossa fé, mas para a fé (Atos 13:48). Não fomos eleitos por causa das nossas boas obras, mas para as boas obras (Efésios 2:10). Não fomos eleitos por causa da nossa santidade, mas para a santidade (Efésios 1:4). Não fomos eleitos por causa da nossa obediência, mas para a obediência (1Pedro 1:2). Não fomos eleitos porque estávamos produzindo frutos, mas para produzirmos frutos (João 15:16). Não fomos eleitos porque Deus, na sua presciência, previu que creríamos nele; fomos eleitos porque ele nos elegeu para a salvação (Atos 13:48). A fé não é causa da eleição divina, mas sua consequência (2Tessalonicenses 2:13). A eleição não é a mãe da fé. As nossas obras não são o motivo da nossa eleição, mas o resultado dela. Fomos criados em Cristo Jesus para as boas obras (Efésios 2:10).

O ensino bíblico é que todos os que são destinados para a salvação creem (Atos 13:48). Na verdade, não poderia ser diferente, pois o homem pecou e está cego, perdido e morto em seus delitos e pecados (Efésios 2:1). Um morto não pode escolher nada. Não fomos nós que achamos a Deus; foi ele quem nos encontrou (Lucas 19:10). Não fomos nós que escolhemos a Cristo; foi ele quem nos escolheu (João 15:16). Foi Deus quem

Destinados para a glória

nos reconciliou consigo mesmo por meio de Jesus (2Coríntios 5:18-21). Toda a salvação procede de Deus (Jonas 2:9).

Deus determinou os fins e providenciou os meios. Nós só amamos a Deus porque ele nos amou primeiro (1João 4:10,19). O nosso amor por Deus é uma resposta ao seu amor. O Dr. Oton Guanães Dourado, ilustre professor do Seminário Presbiteriano de Recife, de saudosa memória, ensinava aos seus alunos esta extraordinária e consoladora verdade da seguinte maneira:

> Meus filhos, o mistério da eleição divina deve ser entendido assim: na porta do reino de Deus há uma mensagem estampada para todos: "Vinde a mim, todos os que estais cansados e sobrecarregados, e eu vos aliviarei". Quando, porém, a pessoa entra no reino de Deus, lê do lado de dentro da porta: "Ninguém pode vir a mim se o Pai não o trouxer. Não fostes vós que me escolhestes a mim, pelo contrário, eu vos escolhi a vós outros".

É glorioso saber que Deus nos conheceu e nos amou antes dos tempos eternos (2Timóteo 1:9). É deleitoso para a nossa alma saber que Deus nos escolheu desde o princípio para a salvação (2Tessalonicenses 2:13). É consolador saber que a nossa decisão por Cristo é precedida de uma escolha de Cristo por nós. Se dependesse de escolhermos a Deus para sermos salvos, jamais o seríamos. Se Deus não tomasse a iniciativa de nos salvar, estaríamos irremediavelmente perdidos. O nosso coração jamais buscaria a Deus por si mesmo. A inclinação da nossa carne é inimizade contra Deus (Romanos 8:7). É Deus quem opera em nós tanto o querer quanto o realizar (Filipenses 2:13). É a bondade de Deus que nos conduz ao arrependimento (Romanos 2:4). A própria fé salvadora é um dom de Deus (Efésios 2:8).

A nossa eleição também jamais poderia estar estribada nos nossos méritos. A salvação é pela graça e não pelas obras (Efésios 2:8,9). Ninguém pode se gloriar diante de Deus pela sua salvação. Não merecemos o favor de Deus, e sim o seu juízo. Pelas obras ninguém pode se salvar, pois o padrão de Deus para entrar no céu é a perfeição. A Bíblia diz que maldito é aquele que não persevera em toda a obra da lei para cumpri-la (Gálatas 3:10). Se guardarmos toda a lei, mas tropeçarmos num único ponto, seremos culpados da lei inteira (Tiago 2:10). No céu não vai entrar nada contaminado (Apocalipse 21:27). Um só pecado foi a causa do querubim da guarda ser expulso do céu (Isaías 14:12-15; Ezequiel 28:14-17). O anjo de luz transformou-se no príncipe das trevas porque Deus encontrou soberba no seu coração. Você acha que Deus iria permitir a sua entrada no céu com todos os seus pecados? Um só pecado afastaria você do céu, pois lá não pode entrar nenhum pecado. E a Bíblia é peremptória em afirmar que todos pecaram e que não há justo nenhum sequer (Romanos 3:10,11,12,23). Todos são culpados diante de Deus e ele não inocentará o culpado Êxodo 34:7, ao contrário, a alma que pecar essa morrerá (Ezequiel 18:4).

Nossa salvação não foi um caminho ao céu aberto a partir da terra. Ela não é iniciativa humana nem resultado do mérito do homem. Tudo provém de Deus (2Coríntios 5:18). Ele nos predestinou em Cristo para a salvação. Ele planejou, executou e consumou a nossa salvação.

Deus nos chamou

O mesmo Deus que ama, conhece e elege é o Deus que chama, e chama eficazmente. Quando Deus chama deste modo — eficazmente —, o homem responde pela obediência da fé. Ele é convertido.[41] O chamado de Deus é a concretização histórica da sua predestinação eterna. A invencibilidade do propósito de Deus é a garantia absoluta de que aqueles a quem ele chamou não deixarão de alcançar a glória futura, pois aquilo que foi forjado na bigorna da graça de Deus não pode ser quebrado pela vontade da criatura. Todo aquele que foi escolhido por Deus, e é de Deus, ouve as palavras de Deus (João 8:47). Todo aquele que foi destinado para a salvação crê (Atos 13:48). Todo aquele que o Pai elege vai a Jesus (João 6:37,39,40,44,45).

O chamado de que Paulo está falando não é o chamado externo, mas o interno. Ao ouvir o evangelho por meio de um chamado externo, todo aquele a quem Deus predestinou desde a eternidade para a salvação passa por uma operação íntima, profunda e irresistível do Espírito Santo, que é o chamado interno. A esta operação eficaz e transformadora do Espírito chamamos vocação eficaz ou graça irresistível. Os eleitos de Deus são chamados irresistivelmente. Eles podem até resistir temporariamente, mas não até o fim. É impossível que pereça aquele a quem Deus predestinou para a salvação. É impossível

---

[41] CRANFIELD, C. E. B. *Comentários de Romanos*, p. 194.

ser condenado aquele por quem Cristo verteu o seu sangue. Todos eles serão chamados eficazmente. Todos eles ouvirão a voz do divino pastor e o seguirão (João 10:14,16,27,28).

A nossa resposta ao chamado de Deus é resultado da operação de Deus em nós (Filipenses 2:13). Nós não somos violentados nem anulados quando cremos em Cristo. Não perdemos a nossa liberdade de escolha ao crermos em Cristo. Fazemo-lo com todas as nossas capacidades. Agimos livremente. Contudo, a nossa fé é apenas uma resposta à escolha divina (Efésios 2:8,9). Jamais poderíamos crer se o próprio Deus primeiro não agisse em nós. É Deus quem abre o nosso coração para crermos em Cristo (Atos 16:14). É o Espírito Santo quem muda as disposições íntimas da nossa alma e nos regenera (João 3:5). O novo nascimento não é autoproduzido. Nascemos de cima, do alto, de Deus, do Espírito. Não nascemos do sangue, nem da vontade da carne, nem da vontade do homem, mas de Deus (João 1:13).

Deus pode usar vários métodos para chamar o homem à salvação. Mas a fé vem pelo ouvir a Palavra de Deus (Romanos 10:17; João 17:20). Quando a divina semente é lançada no coração, o Espírito Santo a fertiliza e então o homem é gerado da divina semente e nasce para uma nova vida em Cristo (1Pedro 1:23).

Deus nos justificou

A justificação é um ato legal e forense de Deus. Ela não acontece em nós, mas no tribunal divino. A justificação não é uma obra que Deus faz em nós, mas por nós. A justificação não é uma infusão da graça em nós. Ela não pode ser confundida com a santificação. Enquanto esta é um processo, aquela é um ato.

A justificação acontece uma única vez na vida do salvo. Como ela acontece? A Bíblia diz que Deus é justo e não inocentará o culpado (Êxodo 34:7). A alma que pecar essa morrerá (Ezequiel 18:4). O salário do pecado é a morte (Romanos 6:23). A Bíblia diz que todos pecaram e destituídos estão da glória de Deus (Romanos 3:23). O homem está em dívida com Deus. Ele não pode pagar essa dívida. Por outro lado, Deus não pode deixar de exercer o seu juízo sobre o pecado, pois ele é justo.

A Bíblia diz que todos nós compareceremos perante o tribunal de Deus para dar contas da nossa vida (2Coríntios 5:10; Romanos 14:12). Então, os livros serão abertos e seremos julgados segundo o que neles estiver escrito (Apocalipse 20:12). Ninguém poderá escapar nem fugir da presença do todo-poderoso Deus. Naquele dia, muitos tentaram se esconder nas cavernas e buscar a própria morte, com medo de enfrentar o julgamento divino e a ira do Cordeiro (Apocalipse 6:15-17). Muitos facínoras praticaram crimes hediondos e escaparam do braço da lei, subornaram juízes e compraram as sentenças dos tribunais. Muitos que viveram ao arrepio da lei, ou como transgressores dela, foram tidos por inocentes nos tribunais da terra, e os inocentes, condenados. Mas quem pode escapar do justo juízo de Deus? Quem poderá subornar o juiz de toda a terra, o juiz de vivos e de mortos?

O propósito de Deus de conduzir-nos ao céu

Quais são os elementos desse julgamento? Que aspectos da vida ele alcançará? Que abrangência terá? Qual é a sua extensão e profundidade?

Em primeiro lugar, os homens serão julgados pelas palavras frívolas que proferirem. Delas darão conta no Dia do Juízo. Quantas palavras torpes, ferinas e carregadas de ira já brotaram da sua boca! Quantas palavras que incendiaram como fogo e mataram como veneno já foram despejadas dos seus lábios! Quantas piadas imorais, quantos comentários maldosos, quantas críticas injustas, quantos relatos parciais você já proferiu! Você não se lembra mais, mas essas palavras estão todas registradas nos livros de Deus. Elas serão testemunhas contra você no Dia do Juízo!

Em segundo lugar, os homens serão julgados pelas suas obras. Há muitas coisas que você fez, que seus pais não sabem, que seus filhos não sabem, que seu cônjuge não sabe, que seus amigos mais íntimos não sabem, mas Deus sabe. Ele vê todas as coisas. Para ele, luz e trevas são a mesma coisa. O que você fez em secreto será publicado dos eirados. Nada ficará encoberto ante os olhos daquele que sonda todas as coisas. A Bíblia diz que pelas suas obras você jamais será justificado diante de Deus. As nossas obras de justiça são como trapos de imundícia aos olhos do Deus santo. Ninguém poderá entrar no céu pelo merecimento das próprias obras. Seria como o homem tentar se levantar pelos cordões de seus sapatos.

Em terceiro lugar, a Bíblia ainda diz que seremos julgados pela omissão, ou seja, por aquilo que deixamos de fazer. Quando Jesus vier na sua glória, ele se assentará no trono para julgar

Destinados para a glória

as nações. Ele dirá aos que estiverem à sua esquerda: *Malditos, afastai-vos de mim para o fogo eterno, preparado para o Diabo e seus anjos* (Mateus 25:41). Mas, o que essas pessoas fizeram de tão terrível para receber uma sentença tão pesada e ir para um lugar tão tenebroso? Sabe o que elas fizeram? Não fizeram nada! Apenas deixaram de fazer. Jesus disse: *Pois tive fome, e não me destes de comer; tive sede, e não me destes de beber; era estrangeiro, e não me acolhestes; estive nu, e não me vestistes; doente, e na prisão, e não me visitastes* (Mateus 25:42,43). Inconformados com a sentença, perguntarão ao Senhor: *Senhor, quando te vimos com fome, ou com sede, ou estrangeiro, ou sem roupas, ou doente, ou na prisão, e não cuidamos de ti?* (Mateus 25:44). Jesus, então, lhes responderá: *Em verdade vos digo que sempre que o deixastes de fazer a um destes mais pequeninos, deixastes de fazê-lo a mim* (Mateus 25:45). É possível você estar em sua casa, não fazendo mal a ninguém, não falando mal de ninguém, e, ainda assim, estar cometendo um terrível pecado de omissão. A Palavra de Deus é clara: *Portanto, aquele que sabe que deve fazer o bem e não o faz, comete pecado* (Tiago 4:17).

Em quarto lugar, a Palavra de Deus diz que seremos julgados pelos nossos pensamentos e desejos. Deus vai julgar os segredos dos homens (Romanos 2:16). Seremos julgados não apenas pelos nossos atos, mas também pelas nossas intenções, desejos secretos e motivações (Mateus 5:28). O apóstolo João diz que aquele que odeia a seu irmão é assassino (1João 3:15). O apóstolo Paulo disse que, se não fosse o décimo mandamento da lei de Deus, ele não teria conhecido a malignidade do pecado (Romanos 7:7). E por quê? Porque os nove primeiros

O propósito de Deus de conduzir-nos ao céu

mandamentos do decálogo apontam para pecados objetivos, que qualquer tribunal da terra pode aferir e julgar. Entretanto, o décimo mandamento — *Não cobiçarás...* (Êxodo 20:17) — é subjetivo. O pecado da cobiça é de foro íntimo. Só Deus pode identificá-lo e julgá-lo. Uma pessoa pode ter uma auréola de santidade sobre a cabeça e um coração podre.

Segundo os psicólogos, passam pela nossa cabeça dez mil pensamentos por dia. Quantos deles são pensamentos impuros, indignos, dos quais sentimos profunda vergonha! Nós nos sentiríamos completamente desconfortáveis se Deus expusesse ao público alguns dos nossos pensamentos e desejos secretos. Ninguém sairia ileso do tribunal de Deus ao ser julgado por esse critério. Mas vamos imaginar que você seja uma pessoa muito boa, acima da média. Suponhamos que durante um dia inteiro você não peque nenhuma vez por palavras, por obras ou por omissão, e que apenas na área dos pensamentos você cometa três pecados. Dos 10.000 pensamentos por dia, você tem 9:997 pensamentos bons. Você seria quase um anjo sem asas. Mas, se você tiver apenas três pensamentos pecaminosos por dia, depois de um mês, você terá noventa pecados; depois de um ano, mais de mil pecados! Você já imaginou a condição de um réu, num tribunal, acusado, com provas nos autos, de milhares de transgressões da lei? Devo-lhe dizer, entretanto, que não é necessário que você tenha milhares de pecados para deixar de entrar no céu. Apenas um pecado o afastará do céu. Nada contaminado entrará no céu.

Você pode argumentar que seria injusto você fazer tantas coisas boas e ainda assim ser condenado. Mas a Bíblia diz: *Pois*

Destinados para a glória

qualquer um que guarda toda a lei, mas tropeça em um só ponto, torna-se culpado de todos (Tiago 2:10). O padrão de Deus para entrar no céu é a perfeição. Maldito é aquele que não perseverar em toda a obra da lei para cumpri-la (Gálatas 3:10). Se você for fazer uma omelete e pegar dez ovos, quebrar os nove primeiros (e verificar que a gema está saudável), mas, ao final, quebrar o décimo e perceber que está podre depois de ele cair no meio dos outros, pergunto: quanto da omelete você estragou? Obviamente, toda ela! E por quê? Porque o padrão que você exige é a perfeição. É assim, também, conosco. Quando cometemos um pecado, comprometemos o padrão da perfeição. Desta maneira, a conclusão inequívoca é que jamais poderemos entrar no céu pelos nossos esforços, pelas nossas obras, ou pela nossa religiosidade. No entanto, aquilo que não podíamos fazer Deus fez por nós!

A santidade de Deus exige a plena satisfação da sua justiça violada. Não havia nenhuma possibilidade de o homem ser salvo pelos próprios esforços ou méritos. Então, Deus, pela sua muita misericórdia, enviou ao mundo o seu único Filho como nosso fiador, representante e substituto. Jesus cumpriu a lei por nós. Jesus pagou a nossa dívida. Ele sofreu o castigo da lei em nosso lugar. Ele carregou sobre o seu corpo, no madeiro, todos os nossos pecados (1Pedro 2:24). O castigo que deveria cair sobre a nossa cabeça, caiu sobre ele. Deus fez cair sobre ele a iniquidade de todos nós (Isaías 53:4-6). Ele bebeu sozinho o cálice amargo da ira de Deus contra o pecado. Ele assumiu a nossa culpa. Ele se fez pecado por nós (2Coríntios 5:21).

O propósito de Deus de conduzir-nos ao céu

Quando Jesus Cristo foi à cruz, ele foi como nosso substituto. Na cruz, ele rasgou o escrito de dívida que era contra nós (Colossenses 2:14). Antes de expirar, deu um grande brado: *Está consumado!* (João 19:30). Na cruz, ele consumou a nossa redenção. Ele quitou todo o nosso débito. Agora, diante do tribunal de Deus, não temos mais nenhuma culpa. Nenhuma condenação há mais para aqueles que estão em Cristo Jesus (Romanos 8:1). Não apenas o nosso pecado foi lançado sobre Jesus, mas toda a sua justiça foi creditada em nossa conta (2Coríntios 5:21). Quando Deus olha para nós, não vê mais o nosso pecado, pois ele foi lançado sobre o seu Filho. Deus vê que toda a justiça foi creditada por seu Filho, em nosso favor.

Quando Cristo morreu, nós morremos com ele para o pecado (Romanos 6:6-11). Quando Cristo ressuscitou, nós ressuscitamos com ele para a justiça (Romanos 6:13). Fomos justificados (Romanos 5:1)! Não cabe mais nenhuma acusação contra nós diante do tribunal de Deus. Pois a morte que deveríamos sofrer por causa dos nossos pecados, Jesus a sofreu por nós. A culpa que deveria cair sobre nós, Jesus a levou na cruz. O castigo que nos traz a paz estava sobre ele.

A justificação é maior do que o perdão. A justificação refere-se aos pecados do passado, presente e futuro. Não apenas nossa dívida foi paga, mas a infinita justiça de Cristo agora nos pertence. Não apenas fomos tirados da falência, mas agora somos ricos. Temos um crédito infinito diante do tribunal de Deus. Ninguém pode mais nos condenar, pois estamos quites com a lei de Deus. Fomos justificados e o próprio Deus é o nosso justificador! Não apenas a nossa salvação é certa, como a glória já nos está garantida. Cristo morreu pelos nossos pecados e ressuscitou para a nossa justificação. Nosso nome já está escrito no livro da vida. Nenhum acusador logrará êxito em nos atacar. Nenhum problema, por mais grave que seja, mudará a nossa sorte diante de Deus. Agora somos filhos de Deus. Somos herdeiros de Deus. Somos cidadãos dos céus. Estamos destinados para a glória!

Deus nos glorificou

Do ponto de vista temporal, a glorificação do crente ainda está por vir, será um acontecimento futuro; mas, na mente e nos decretos eternos e infalíveis de Deus, já é um fato consumado. Seguindo o modo de falar hebraico, esse é "o tempo passado profético". Cristo, em cujo destino está incluído o destino dos eleitos de Deus, já foi glorificado, de maneira que nele a glorificação daqueles a quem ele elegeu já foi realizada.[42]

Paulo enfatiza a inevitabilidade e a certeza absoluta da nossa glorificação. É o céu antecipado. É a glória, já. A nossa glorificação é um fato inequívoco, indubitável, absolutamente seguro. Charles Erdman chega a dizer que o pretérito *glorificou* é a mais ousada antecipação de fé que o Novo Testamento contém.[43]

> Pode-se perceber na escolha deste tempo verbal uma expressão da certeza da fé; a vontade divina já está firmada na

---

[42] CRANFIED, C. E. B. *Comentários de Romanos*, p. 194.
[43] ERDMAN, Charles. *Comentários de Romanos*, p. 101.

eternidade de Deus, nada contra ela podendo as peripécias da história.[44]

Os desígnios de Deus não podem ser frustrados. O que Deus planejou na eternidade ele executará com absoluta precisão. A nossa salvação foi planejada, executada e consumada por Deus. Aquele que começou a boa obra em nós há de completá-la até o dia de Cristo Jesus (Filipenses 1:6). O céu não é uma vaga possibilidade para os que creem em Cristo; é uma certeza absoluta. O céu não é um destino incerto para os remidos, mas é a nossa pátria (Filipenses 3:20), o nosso lar (João 14:1-3). Não caminhamos para um ocaso triste, mas para o alvorecer de uma eternidade feliz.

O fim do nosso caminho não é o sepulcro coberto de lágrimas, mas o hino triunfal da gloriosa ressurreição. A nossa jornada não terminará com o nosso corpo surrado pela doença, enrugado pelo peso dos anos, coberto de pó na sepultura; antes, receberemos um corpo de glória, semelhante ao corpo de Cristo (Filipenses 3:21). Nosso corpo vai resplandecer como o fulgor do firmamento e como as estrelas, sempre e eternamente (Daniel 12:3). Nosso choro cessará, nossas lágrimas serão estancadas. Não haverá mais luto, nem pranto, nem dor (Apocalipse 21:4).

Habitaremos os novos céus e a nova terra. Reinaremos com Cristo para sempre, servindo-o com profunda gratidão. Entoaremos e celebraremos hinos triunfais de exaltação ao

---

[44] LEENHARDT, F. J. *Epístola aos Romanos*, p. 230.

Destinados para a glória

Senhor da glória. Uniremos nossas vozes aos coros angelicais. Nossas vestes serão alvas. Nosso corpo será glorificado. Seremos uma só família, um só rebanho. No céu, não só nos conheceremos, mas desfrutaremos de profunda e interminável comunhão. Viveremos em gloriosa harmonia.

Haveremos de ver Jesus face a face. Como disse um ilustre poeta desconhecido:

> Ainda que usássemos todas as belas expressões do nosso vernáculo não poderíamos descrever a beleza inefável do céu. Ainda que todos os mares fossem tinta, ainda que todas as nuvens fossem papel, ainda que todas as árvores fossem pena e todos os homens, escritores, nem mesmo assim poderíamos descrever as glórias excelsas que Deus preparou para os seus filhos.

Nossas palavras são pobres demais para descrever o lugar que Jesus foi preparar para nós. As mansões da terra são casebres insignificantes demais para comparar com as mansões celestiais que receberemos no céu (2Coríntios 5:1-8). Os prazeres da terra são fúteis demais para serem comparadas às mansões celestiais. As riquezas da terra são pobres demais para serem comparadas com os tesouros do céu. Nossos olhos não devem ser toldados pelo sofrimento do tempo presente. A nossa leve e momentânea tribulação produz para nós eterno peso de glória (2Coríntios 4:17). Os sofrimentos do tempo presente não podem ser comparados com as glórias que estão por vir e que serão reveladas em nós (Romanos 8:18). Nada pode ofuscar o brilho dessa herança incorruptível e imarcescível que Deus preparou para nós. Nosso tesouro está no céu. Nossa pátria está no céu. Nossa recompensa está no céu. Nosso lar está no céu. Estamos indo para o céu. Fomos destinados para a glória!

Conclusão

O apóstolo Paulo não poderia terminar essa clássica exposição sobre esse magno assunto senão fazendo cinco perguntas retóricas para mostrar a nossa absoluta e eterna segurança.

Se Deus é por nós, quem será contra nós?

O grande bandeirante do cristianismo, o apóstolo Paulo, pergunta: *Se Deus é por nós, quem será contra nós?* (Romanos 8:31). O apóstolo Paulo não pergunta "quem é contra nós", pois, se assim o fizesse, o inferno inteiro se levantaria, vociferando seu ódio incontido. A pergunta é: "Se Deus está do nosso lado, quem poderá nos deter e nos resistir?" Se o Rei e Senhor absoluto do Universo está do nosso lado, se ele nos amou, nos escolheu, nos chamou, nos justificou e já decretou a nossa glorificação, então somos vitoriosos e invencíveis.

Ainda que o inferno inteiro se levante contra nós, haveremos de triunfar. Você e Deus são maioria absoluta. Você está do lado do Deus onipotente. O seu Deus é maior do que todos os seus inimigos. O seu Deus é maior do que todas as suas provações. Os seus problemas e os seus inimigos estão debaixo dos pés do Senhor. "O mundo, a carne e o Diabo podem continuar alistando-se contra nós, porém nunca nos poderão vencer se Deus é por nós".[45] Como Deus é por nós, todos os nossos

---

[45] STOTT, John. R. W. *A mensagem de Romanos 5-8*, p. 97.

inimigos nada significam, pois quem pode lutar contra Deus e prevalecer? Quem pode frustrar os desígnios de Deus?

Warren Wiersbe diz que Deus é por nós e provou isto, dando-nos seu Filho (Romanos 8:32). O Filho é por nós e prova isto, intercedendo por nós junto ao Pai (Romanos 8:34). O Espírito Santo é por nós, assistindo-nos em nossa fraqueza e intercedendo por nós com gemidos inexprimíveis (Romanos 8:26). Deus está trabalhando para que todas as coisas contribuam para o nosso bem (Romanos 8:28). Em sua pessoa e em sua providência, Deus é por nós.[46]

Aquele que não poupou ao seu próprio Filho, porventura, não nos dará com ele, graciosamente, todas as coisas?

O apóstolo, ainda pergunta: *Aquele que não poupou nem o próprio Filho, mas, pelo contrário, o entregou por todos nós, como não nos dará também com ele todas as coisas?* (Romanos 8:32). O argumento aqui é do menor para o maior. Se quando éramos pecadores, Deus nos deu o seu melhor, será que agora, que somos seus filhos, não nos dará tudo de que precisarmos?[47]

A expressão *não poupou* tem sentido negativo; enquanto *entregou* tem sentido positivo. Diz Octávio Winslow:

---

[46] WIERSBE, Warren. *The Bible Expository Commentary*, vol. 1, p. 541.
[47] Ibid., p. 541.

Destinados para a glória

> Foi o Pai que entregou seu Filho à condenação e ao abandono daquela morte que o pecado merecia. Foi o Pai que entregou seu Filho a todos os poderes das trevas e às mãos de homens maus, para que ele pudesse suportar e exaurir a sentença de condenação em favor daqueles por quem ele vicariamente a levou. Quem entregou Jesus à morte? Não foi Judas, por dinheiro; não foi Pilatos, por medo; não foram os judeus, por inveja; mas o Pai, por amor![48]

Se Deus nos deu o maior, certamente ele nos dará o menor. Se Deus fez o máximo, ele fará as demais coisas. A maior prova de que a nossa redenção está garantida é que Deus já nos deu o seu Filho. A cruz é a demonstração da generosidade de Deus. Jesus é o dom inefável de Deus. "A palavra grega empregada aqui para *entregar* significa enviar à morte".[49] A morte de Cristo não foi em vão. Nenhuma gota do sangue de Cristo foi desperdiçada. Cristo não morreu para simplesmente possibilitar a nossa salvação, mas para efetivá-la. Deus nos deu o seu Filho não apenas para possibilitar a nossa salvação, mas para nos salvar. Deus não pode fracassar. Ele não é fraco. Seu plano redentor não pode ser um fracasso. Cristo morreu pelas suas ovelhas. T. V. Moore disse:

---

[48] WILSON, Geoffrey B. *Romanos*, p. 131.
[49] CALVINO, Juan. *Epístola a los Romanos*, p. 224.

> As ovelhas mereceram o golpe, mas o pastor expõe o próprio peito à espada, é ferido pelos pecados do seu povo e leva esses pecados sobre o próprio corpo no madeiro.[50]

Cristo amou a sua igreja e a si mesmo se entregou por ela. Nenhuma ovelha de Cristo se perderá. Na verdade, Deus deu tudo, deu-se a si mesmo, deu o seu Filho. O amor de Deus por nós é indizível (João 3:16). Para salvar-nos, ele não poupou o seu Filho (Romanos 5:8). A lógica de Paulo é que, se Deus já nos deu o seu Filho, o maior de todos os dons, ele nos dará graciosamente com ele todas as coisas. Em Cristo temos a promessa de todas as dádivas do Pai. Somos abençoados com toda sorte de bênção em Cristo (Efésios 1:3). Já estamos assentados com Cristo nas regiões celestes, acima de todo principado e potestade (Efésios 2:6). Não temos razão para temer; Deus está empenhado em conduzir-nos à glória!

Quem intentará acusação contra os eleitos de Deus?

Novamente o apóstolo Paulo pergunta: *Quem trará alguma acusação contra os escolhidos de Deus? É Deus quem os justifica* (Romanos 8:33). Deus nos declarou justos em Cristo. A justificação é um ato forense, legal e final. Ela jamais pode ser alterada, cancelada ou diminuída em seus efeitos. A justificação é irrepetível. O Diabo pode nos acusar. Os homens podem nos acusar. Nossa

---

[50] Wilson, Geoffrey B. *Romanos*, p. 131.

consciência pode nos acusar, mas Deus jamais nos acusará ou aceitará acusação contra nós, que fomos justificados em Cristo.

O amor de Deus nunca é exercido ao arrepio da lei de Deus. O perdão de Deus é concedido depois da satisfação da sua justiça. A ideia é que nenhuma acusação poderá ser levada em conta se Jesus Cristo, nosso advogado, nos defende e se Deus, o juiz, já nos declarou justificados.[51]

O argumento do apóstolo Paulo é o de que, se a justiça de Deus já foi satisfeita, se Jesus já pagou o preço da nossa redenção com o seu sangue, se ele já levou sobre si o nosso pecado, se ele já quitou a nossa dívida diante do tribunal de Deus, se já fomos declarados livres de culpa, então nenhuma acusação contra nós prosperará. Ninguém pode amaldiçoar ou condenar aqueles a quem Deus decidiu abençoar. Ninguém pode fazer perecer aqueles por quem Cristo morreu. Ninguém pode tirar ou apagar o nosso nome do Livro da Vida. As acusações de Satanás não podem ter sustentação legal contra nós. Não pesa mais sobre nós nenhuma culpa (Romanos 8:1). Nossos pecados foram perdoados. Nossa dívida foi paga. Toda a justiça de Cristo foi depositada em nossa conta (2Coríntios 5:21). Estamos justificados. Esse fato é real, absoluto, irrevogável. Assim, temos mais uma garantia inequívoca de que o propósito eterno de Deus de nos conduzir à glória jamais poderá ser frustrado.

---

[51] STOTT, John R. W. *A mensagem de Romanos 5-8*, p. 97,98.

Conclusão

Quem condenará os eleitos de Deus?

O apóstolo Paulo, outra vez pergunta: [...] *quem os condenará? Cristo Jesus é quem morreu, ou, pelo contrário, quem ressuscitou dentre os mortos, o qual está à direita de Deus e também intercede por nós* (Romanos 8:34). John Stott, ilustre comentarista bíblico, assim explica este texto:

> Às vezes nosso coração nos condena ou procura fazê-lo (1João 3:20,21). O mesmo fazem nossos críticos e nossos inimigos. Sim, e todos os demônios do inferno. Sua condenação, porém, não tem sentido. Por quê? Por causa de Cristo Jesus. Para começar, ele morreu; morreu pelos mesmos pecados pelos quais, de outro modo, seríamos, condenados. A seguir, Cristo ressuscitou dentre os mortos, comprovando assim a eficácia de sua morte. Agora está assentado no lugar supremo à destra do Pai, de onde desempenha seu ofício de advogado celestial, intercedendo por nós. Com este Cristo como nosso Salvador — crucificado, ressuscitado, exaltado e que está intercedendo a nosso favor —, podemos dizer com segurança: agora, pois, já nenhuma condenação há para aqueles que estão em Cristo Jesus (Romanos 8:1). Podemos perguntar até mesmo aos demônios do inferno: quem vai me condenar? Não haverá nenhuma resposta.[52]

---

[52] Ibid., p. 98.

Destinados para a glória

De forma triunfal, o apóstolo avança mais um passo na sua argumentação, mostrando a impossibilidade de sermos condenados se Cristo morreu por nós, em nosso favor. O salário do pecado é a morte. Mas Cristo morreu pelos nossos pecados; ele morreu a nossa morte. Ele sofreu o castigo que nos traz a paz. A ira de Deus que deveria cair sobre nós, caiu sobre ele. A culpa que era nossa, Cristo a levou sobre si. Estamos quites com a justiça divina. Ninguém mais pode nos condenar; estamos justificados. Cristo não apenas morreu por nós, ele ressuscitou para a nossa justificação. Ele foi assunto ao céu, e está assentado à direita de Deus, intercedendo em nosso favor. A intercessão de Cristo tem absoluta eficácia. Ele está sempre apresentando diante do Pai os resultados eficazes do seu sacrifício e dos seus infinitos méritos em nosso favor. A condenação daqueles que estão justificados em Cristo é uma impossibilidade absoluta. Estamos destinados para a glória!

Finalmente, o apóstolo revela que é impossível a condenação dos eleitos de Deus, visto que Cristo intercede por eles. Temos dois intercessores na Trindade: Jesus, o nosso intercessor legal, junto ao trono do Pai, e o Espírito Santo, o nosso intercessor existencial, que habita em nós, nos assiste em nossas fraquezas e intercede por nós com gemidos inexprimíveis. Warren Wiersbe diz que a intercessão de Cristo significa que ele nos representa diante do trono de Deus, de tal maneira que não precisamos representar-nos a nós mesmos.[53]

---

[53] WIERSBE, Warren. *The Bible Expository Commentary*, vol. 1, p. 542.

Conclusão

Quem nos separará do amor de Cristo?

Finalmente, o apóstolo Paulo faz uma pergunta existencial: *Quem nos separará do amor de Cristo*? (Romanos 8:35). Ele responde a essa grande questão com outra pergunta: *Será tribulação, ou angústia, ou perseguição, ou fome, ou privação, ou perigo, ou espada*? (Romanos 8:35). O argumento do apóstolo Paulo é o de que nenhum problema, situação, adversidade, acontecimento ou ser humano ou mesmo angelical poderá nos separar do amor de Cristo.

Não importa o que vai acontecer na nossa jornada rumo ao céu, com certeza vamos chegar lá. Deus não nos prometeu ausência de luta, mas vitória certa. Ele não nos prometeu caminhada fácil, mas chegada segura. Vamos indo de força em força, de fé em fé, sendo transformados de glória em glória. O caminho é estreito, mas é seguro. As provações da vida não podem nos separar de Deus. As tribulações não conseguem nos desviar da rota rumo à glória. A tribulação, a angústia, a perseguição, a fome, a nudez, o perigo e a espada não podem nos derrotar. Pelo contrário, em todas essas coisas somos mais que vencedores (Romanos 8:35-37). "Esta frase de quatro palavras representa uma só no grego: *hypernikomen*, hipervencedores. Somos supervencedores por meio daquele que nos amou".[54]

Paulo, o grande paladino do cristianismo, chega ao ponto culminante da sua argumentação, proclamando com vívido entusiasmo: *Pois tenho certeza de que nem morte, nem vida, nem anjos,*

---
[54] Stott, John. R. W. *A mensagem de Romanos 5-8*, p. 99.

Destinados para a glória

nem autoridades celestiais, nem coisas do presente nem do futuro, nem poderes, nem altura, nem profundidade, nem qualquer outra criatura poderá nos separar do amor de Deus, que está em Cristo Jesus, nosso Senhor (Romanos 8:38,39).

> A convicção firme e inabalável de Paulo é que nem a crise da morte, nem as desgraças da vida, nem poderes sobre-humanos, sejam bons ou maus (anjos, principados, potestades), nem o tempo (presente ou futuro), nem o espaço (o alto ou o profundo), nem qualquer criatura, por mais que tente fazê-lo, poderá separar-nos do amor de Deus, que está em Cristo Jesus nosso Senhor, esse amor que foi demonstrado na história pela morte de Cristo e que é derramado em nosso coração pelo Espírito de Cristo.[55]

Leenhardt resume com precisão as provas pelas quais passamos neste estreito caminho rumo à glória:

> A primeira prova evoca os embates interiores da fé contra a dúvida (Romanos 8:31-34). A segunda (Romanos 8:35) traz à baila as ameaças de que os homens são instrumentos. A terceira (Romanos 8:38,39) faz intervirem as forças misteriosas do mundo que escapam a todo controle humano. Entretanto, quanto mais séria se revela a realidade e ameaçadora a situação, tanto melhor aparece, em sua luminosa certeza, a

---

[55] Ibid, p. 99,100.

Conclusão

paz que outorga aos crentes o testemunho do amor de Deus em Cristo Jesus.[56]

Sintetizando esse glorioso texto, Warren Wiersbe diz que Paulo apresentou cinco argumentos que provam nossa ligação inalienável com Deus: Deus é por nós (Romanos 8:31), Cristo morreu por nós (Romanos 8:32), Deus nos justificou (Romanos 8:33), Cristo intercede por nós (Romanos 8:34) e Cristo nos ama (Romanos 8:35-39).[57]

Juan Schaal, de forma exultante, afirmou:

> O capítulo 8 de Romanos começa com *nenhuma condenação* porque estamos em Cristo e termina com *nenhuma separação*, porque estamos em Cristo. Entre o começo e o fim há um profundo vale de lutas e conflitos. Contudo, o viajante no caminho da salvação tem a segurança da vitória.[58]

O caminho para a glória é Jesus. Nessa peregrinação, cruzamos desertos, pisamos espinhos, passamos por vales, sofremos ataques, pressões, mas temos a companhia protetora do nosso Senhor e a garantia absoluta de que vamos chegar à nossa Pátria, no nosso lar, à nossa casa. Caminhamos não para o caos, mas para a restauração de todas as coisas. Caminhamos não para a sepultura, mas para o fulgor da ressurreição.

---

[56] LEENHARDT, F. J. *Epístola aos Romanos*, p. 234,235.
[57] WIERSBE, Warren. *The Bible Expository Commentary*, vol 1. p. 541-542.
[58] SCHAAL, Juan H. *El Camino Real de Romanos*, p. 97.

Destinados para a glória

Caminhamos não para um destino incerto e nebuloso, mas para a glória excelsa, onde reinaremos com Cristo para todo o sempre. Agora há vale e dor, depois o Senhor enxugará dos nossos olhos toda a lágrima. Agora, há fraqueza e doença, depois teremos um corpo semelhante ao corpo da glória de Cristo. Agora, pisamos o chão duro e ardente de um deserto inóspito, depois pisaremos ruas de ouro na Jerusalém celestial. Não marchamos rumo ao entardecer da história, não caminhamos na direção de uma noite trevosa, mas caminhamos para o alvorecer glorioso da eternidade. Fomos destinados para a glória. Aleluia!

Sua opinião é importante para nós.
Por gentileza, envie-nos seus comentários pelo e-mail:

editorial@hagnos.com.br

Visite nosso site:

www.hagnos.com.br